KB177642

돈의 태도

My Money Journey :
How 30 people found financial freedom - and you can too
by Jonathan Clements

Copyright © Jonathan Clements
Originally published in the UK by Harriman House Ltd in 2023, www.harriman-house.com
Korean translation copyright © 2023 Dongyangbooks Co., Ltd.
This translation published under license with the original publisher Harriman House Ltd
through Amo Agency, Seoul, Korea

이 책의 한국어판 저작권은 AMO 에이전시를 통해 저작권자와 독점 계약한 (주)동양북스에 있습니다.
저작권법에 의해 한국 내에서 보호를 받는 저작물이므로 무단전재와 무단복제를 금합니다.

돈의 태도

부자의 나침반

3

조너선 클레먼츠 지음

박덕근 옮김

평범한 사람 30명이 경제적 자유를 얻어낸 비밀 8가지

동양북스

까다롭고 복잡한 인간과 돈의 관계에서 만족할 만한 성적표를 받은 사람들의 진짜 인생 이야기

_모건 하우절, 《돈의 심리학》의 저자

경제적 자유를 얻고 싶은 사람이라면 읽어야 할 필독서. 주변에서 볼 수 있는 평범한 사람들이 부자가 된 이야기가 담겨 있다. 이들의 인생 이야기와 돈의 태도 세 가지만 알면, 경제적 자유에 도달하는 쉽고 간단한 길을 발견할 수 있다.

_잭 브레넌, 《투자에 관해 터놓고 말하기》의 저자, 뱅가드 전 CEO이자 회장

이 책의 사랑스러운 점은 한 사람이 수십 년에 걸쳐서 성공하고, 실패하고, 다시 시작한 삶의 이야기가 고스란히 담겨 있다는 것이다. 예측 가능한 길을 가는 사람은 없다. 예상치 못한 상황에 현명하게 대처하는 법을 알아야 완전한 경제적 자유를 이룰 수 있다.

_클라크 하워드, 유명한 소비자 보호 운동가, 클라크닷컴(Clark.com) 창립자

이 책에 나오는 이들이 이룬 경제적 성공은 높은 연봉이나 복잡한 투자 전략 때문이 아니었다. 건전한 저축 습관과 상식, 행운 몇 방울 등 누구나 공감할 수 있는 요소들 덕분에 경제적 자유와 마음의 평화를 이루었다. 나는 이 책에서 내 이야기를 만날 수 있었다.

_크리스틴 벤츠, 모닝스타 개인 자산관리 이사

경제적 자유를 얻은 평범한 30명의 이야기를 읽으니 흥미롭고 유익하다. 평생 동안 탄탄한 경제적 안정을 이루고 싶은 사람은 모두 읽어야 할 책이다.

_콘수엘로 맥, 〈콘수엘로 맥 웰스 트랙〉 편집장 겸 앵커

책에 나오는 독특한 이야기 속에는 투자자가 배워야 할 가장 중요한 교훈들이 있다. 절제하며, 규칙적으로 저축하고, 투자하며, 흔히 저지르는 실수를 피하는 것이다. 무엇보다 중요한 교훈은 자기 일을 좋아하고 다른 사람에게 진정한 관심을 쏟아야 한다는 것이다. 삶의 만족은 부에서 오지 않는다.

_버턴 말킬, 《랜덤워크 투자수업》의 저자

돈을 어떻게 다루었길래 부자가 되었을까? 인생이 달라지는 '돈의 태도'를 밝히다!

산 정상까지 가는 등산로는 아주 많다. 정상에 도착한다는 목표는 같지만, 하나의 경로를 따라가지는 않는다.

부를 이루는 과정도 마찬가지다.

경제적 자유를 이룬 사람들은 다양한 분야에서, 한곳에 마음을 정하고 수년간 옳다고 생각하는 일을 하다가 놀랄 만한 부를 쌓는다. 가장 놀란 사람은 자신일 것이다. 십수 년 동안 따분하게 계속해온 절약 덕분에 돈이 쌓였기 때문이다. 여기서 궁금해진다.

대체, 돈을 어떻게 다루었길래 부자가 되었을까?
어떤 사람들이 경제적 자유를 이루는 걸까?
그들의 돈의 태도는 무엇이 다른가?

여기 한 무리의 사람들이 있다. 대부분 남성이고, 나이가 많고, 교육을 잘 받은 중상류층이다. 이 사람들에게 자신들이 경제적 자유를 얻은 과정을 이야기해달라고 해보자. 너무 비슷해서 놀랄지도 모르겠다. 내가 금융 정보 웹사이트 '험블달러HumbleDollar'의 글쓴이들에게 이 책에 실릴 글을 써달라고 했을 때, 어떤 글을 받을지 전혀 예상하지 못했다. 하지만 나는 마지막 글까지 훑어본 후 깜짝 놀라고 말았다. 이야기가 너무 다양했기 때문이다.

마침내 경제적 자유를 얻어낸 평범한 30명의 독특한 이야기에서는 진짜 부를 이룰 수 있는 8가지 비밀을 알 수 있다.

비밀 1. 돈의 태도는 부모의 영향을 받는다

이 책을 읽는 당신이 부모라면 자신의 태도가 아이에게 얼마나 큰 영향을 미치는지 알고 두려울 수밖에 없다. 부모에게 배운 돈의 태도 중에서 무엇을 마음에 새기고, 무엇을 버릴 것인가? 이 문제는 이 책의 여러 사람에게 평생에 걸쳐 해결해야 하는 과제였다.

비밀 2. 좋은 저축 습관은 부를 이루는 첫 번째 열쇠다

진부하지만 아무리 말해도 지나치지 않다. 이 책의 사람들은 절약하고 계속해서 저축했다.

비밀 3. 단순하게 투자하는 방법은 언제나 통한다

간단한 전략이 반복된다. 정액분할투자(정기적으로 일정 금액을 나눠서 투자하는 방식)를 하고, 주택담보대출의 원금을 추가로 갚는다. 퇴직연금 계좌에 최대 금액을 저축하고, 인덱스 투자(특정 지수의 움

직임에 따라 수익, 손실이 결정되는 투자)를 한다. 초보 투자자에게 돈을 불리는 방법은 어려워 보이지만, 복잡한 전략을 따를 때보다 단순하게 접근했을 때 투자 결과도 좋고, 마음도 편하다.

비밀 4. 개별 주식 투자보다 인덱스 투자를 선호한다

많은 사람이 시장 평균을 쫓아가기에 급급한 투자를 한다. 이 책의 글쓴이들은 시장 평균이라는 결과를 받아들이는 인덱스 투자를 투자 전략으로 삼는다.

비밀 5. 준비되었다면 천천히, 꾸준히 나아간다

경제적 자유를 얻기까지 보통 수십 년이 걸린다. 그래서 아무리 생각해도 일이 진행되지 않는 것처럼 보일 수도 있다. 하지만 어느 날 돌아보면, 작지만 현명한 결정들이 쌓여서 편안한 미래를 만들었음을 알게 된다.

비밀 6. 행운을 과소평가하지 않는다

경제적 성공에는 때로 외부의 힘이 작용한다. 많은 돈을 주식에 투자했는데 돈이 기대 이상으로 불어나고 있는가? 아니면 시장 때문에 타격을 입었는가? 살다 보면 경제적 어려움에 부딪히기도 한다. 스스로 가져온 어려움일 때도 있지만, 비싼 의료비나 투자 실수, 실직 등 갑자기 일어난 일 때문일 수도 있다. 이런 경제적 타격을 입으면 보통 뒤로 물러서지만, 손실은 영원하지 않다.

비밀 7. 돈에 의미를 부여하지 않는다

마세라티는 그냥 자동차고, 부모님께 물려받은 은수저는 그냥 식기류인 것처럼 돈은 그냥 돈이다. 자신이 돈에 부여한 의미와 돈을 어떻게 쓸 것인지 깊이 생각해보는 시간을 가져라.

마세라티를 사려는 이유는 무엇인가? 훌륭하게 만들어진 자동차가 좋아서? 이웃의 관심을 받고 싶어서?

부자가 되어 내가 원하는 것을 사고 싶어서 성실하게 저축하는가? 아니면 가난해지는 것이 무서워서 과하게 저축하고 있는가?

이 책에는 돈과 자신의 관계와 돈과 조화를 이루며 살고자 노력한 사람들의 이야기가 담겨 있다. 좋게 말하면, 돈은 안정을 주는 하나의 도구다. 돈 덕분에 내가 열정을 쏟는 활동에 집중할 수 있고 사랑하는 사람과 특별한 시간을 보낼 수 있으며, 주위 사람을 도울 수 있다. 돈을 쓰는 방법은 다양하다. 돈을 어떻게 나눠 쓸 것인가?

답은 자신의 인생에서 무엇이 의미 있고 무엇이 만족을 주는지, 그리고 자신의 가치관과 관련이 있다.

비밀 8. 어느 순간 "이만하면 충분해"라고 말해야 한다

마지막으로, 우리가 가진 것에 만족하는 법을 알고 우리가 모은 돈을 즐겨야 한다. 대부분 오랫동안 마음속으로 바란 목적지에 와서도 온전히 만족하지 못한다.

인간은 계속 꿈을 꾸면서 무언가를 끊임없이 추구하도록 만들어졌다. 그런 부단한 노력 덕분에 우리들은 마침내 경제적 자유를 얻을 수 있었다.

돈은 여전히 대놓고 말해선 안 되는 '금기'로 여겨진다. 그래서 대부분 자신이 어떻게 돈을 다루는지 구체적으로 말하는 것을 꺼린다. 하지만, 이 책에 나오는 30명은 용기를 내어 솔직하게 자신들의 이야기를 해주었다.

그들의 이야기를 따라가다 보면 돈을 대하는 태도를 알 수 있다. 그들은 그러한 돈의 태도를 바탕으로 경제적 자유를 이루었을 뿐 아니라, 어떤 상황에도 흔들리지 않는 삶의 주인이 되었다.

이 책을 통해 당신 역시 돈에 대한 막연한 불안감을 해소하고, 경제적 자유로 향하는 첫걸음을 내딛기를 기대한다.

| 차례 |

돈의 태도 2

돈에 대한 깨달음은 가장 먼저 가족에게서 온다

돈의 태도 3

반드시 통하는 '꾸준함'과 '천천히'의 힘

돈의 태도 4

돌아갈 때 의외로 길이 보인다

돈의 태도 5

경제적 자유의 비결은 보상보다 위험 관리에 있다

돈의 태도 1

지독할 만큼 검소하라

Story 1 대단한 투자자가 아니라도 내 집은 사야 한다

Story 2 돈 공부를 늦게 시작할수록 나를 아껴라

Story 3 절약으로 최고의 사치를 누리다

Story 4 부자가 되면 정말 행복할까?

Story 5 여성에게 경제적 자유가 특히 중요한 이유

Story 6 나에게 충분한 돈이 주는 최고의 선물

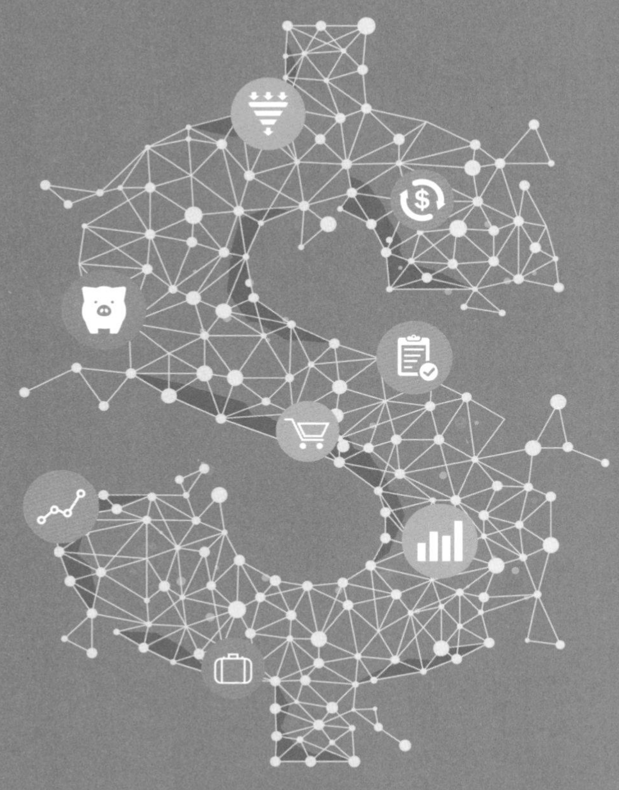

경제적 자유를 얻기 위해 갖춰야 할 가장 중요한 태도는 절약이다. 소득에 상관없이 미래의 자신을 위해 일정 부분을 떼어 따로 저축하지 않으면 경제적 자유는 결코 이룰 수 없다. 이 책의 거의 모든 글에서 '성실하게 저축하라'를 강조한다.

Story 1

대단한 투자자가 아니라도 내 집은 사야 한다

데니스 프리드먼 Dennis Friedman

꾸준히 저축해 마침내 경제적 자유를 얻은 자칭 소박한 투자자. 항공우주 관련 제조부서에서 30년간 일했다. 캘리포니아에서 역사를 공부했으며, 이후 경영학 석사학위를 받았다. 현재는 역사 소설과 재테크 관련 책을 읽으며 남은 삶을 즐기고 있다.

20대 초반 무렵, 내 친구들은 대부분 값비싼 최신형 자동차를 사고 싶어 했지만 나는 돈을 모으고 싶었다. 그래서 지나치게 허리띠를 졸라맸는지도 모르겠다. 누군가는 절약을 명예로운 훈장으로 여기지만 나는 스파르타식으로 절제하는 내 생활 방식이 때로는 창피하게 느껴졌다.

내가 주로 살았던 조그만 임대아파트에는 기본적인 가구나 편리한 가전제품조차 없었다. 몇 군데는 너무 초라해서 친구들을 부르기도 민망했다. 1980년에 집을 보러 다니다가 나는 빈집이 두 개 있는 낡은 건물을 지났다. 하나는 차고 위에 있는 좁은 원룸이었고, 집세가 300달러였다. 다른 하나는 좁고 긴 모양의 방 하나짜리 임대아파트로, 집세는 500달러였다. 나는 집세가 조금 더 싼 원룸에서 살면 저축을 많이 할 수 있겠다고 생각해서 원룸을 골랐다. 그 무렵 나는 벌이가 꽤 괜찮았는데도 소득에 한참 못 미치는 생활을 택한 셈이었다.

그 집은 안심하고 살 만한 곳이 아니었다. 바로 옆집에 마약 중개상이 살았다. 내 자동차는 여러 번 털렸으며, 세탁실에서 옷을 도둑 맞은 적도 있다. 아무렴, 그 정도야 개의치 않을 수 있었다. 하지만 주인이 바뀌고 집세를 390달러로 올리자 상황이 달라졌다. 그제야 나는 갑자기 오르는 집세를 계속 내는 한 경제적 자유를 이루기란 힘들다는 사실을 깨달았다.

남의 집에 사는 이상, 나는 언제든 집주인 마음대로 올리는 집세를 감당해야 했다. 지출의 가장 큰 부분을 차지하는 주거비를 스스로 통제할 수 없었다.

내 생애 최고의 투자

1985년에 나는 캘리포니아 롱비치에서 방 한 개가 딸린 73제곱미터(약 22평) 넓이의 작은 아파트를 발견했다. 밖에서 보기에도 근사하고 튼튼하게 지은 3층 건물의 꼭대기 층이었는데, 창밖으로 거리가 훤히 보였다. 해변까지 걸어갈 수도 있었고 맛있는 식당도 많았다. 정말 완벽한 동네 같았다. 집주인은 10만 2,000달러를 불렀지만, 9만 1,000달러까지 협상할 수 있었다.

그런데 다음 날 아침 나는 성급하게 집을 사버렸다는 걱정 때문에 잠을 설쳤다. 처음으로 집주인이 되었다는 사실이 심란했다. 나는 지금까지 그토록 값비싼 무언가를 사본 적이 없었다. 유일하게 큰돈을 주고 샀던 물건이 자동차였는데, 4,500달러에 불과했다.

나는 그날 직장에서도 아파트를 소유함으로써 일어날 수 있는 온갖 일들을 상상하면서 하루를 보냈다. '직장에서 쫓겨나면 어떡하지? 주택담보대출을 못 받으면? 앞에 있는 그 커다란 나무가 골칫거리가 아닐까? 바로 앞이 큰길이라 너무 시끄럽지는 않을까?'

나는 제조 관련 업무를 의논하느라 직장 상사의 사무실에 앉아 있었는데, 상사가 "무슨 걱정거리가 있냐?"라고 물었다.

그래서 상사에게 아파트를 구매하고 계약금을 치렀는데 거래를 취소해야 하나 생각 중이고, "잘한 일인지 아닌지 도무지 모르겠다"라고 말했다. 상사는 아파트 가격이 오르게 되면 내 순자산이 올라간다는 점, 주택담보대출에 대한 이자를 공제받을 수 있고 세금을 신고할 때 재산세가 감면된다는 점 등 좋은 점을 이야기해주었다. 상사의 말을 듣고 나서야 아파트를 계약한 것이 꽤 훌륭한 거래처럼 들렸다. 내가 진짜 듣고 싶던 이야기였다.

집을 산 것은 내가 한 투자 중에서 최고의 투자였다. 주택담보대출도 너저분한 원룸에 살 때 냈던 집세와 150달러밖에 차이가 나지 않았다. 얼마 지나지 않아 이자율이 더 낮은 주택담보대출로 갈아타서 대출금도 줄었다. 그리고 14년 만에 남은 대출금마저 전부 갚았다.

아파트 덕분에 나는 경제적 안정이라는 열차에 올라탈 수 있었다. 주거비가 저렴하고 매달 나가는 돈이 거의 일정해졌기 때문에 그 집에서 살았던 35년 동안 저축도 많이 할 수 있었다.

직장퇴직연금에 최대로 저축하고 50세가 되었을 때는 추가 납부도 했다. 월급은 계속해서 올라갔고 주거비는 계속 내려갔다. 나처럼 저축만으로 자산을 늘리는 사람에게는 완벽한 상황이었다.

2020년 그 아파트를 38만 달러에 팔았을 때 내가 살았던 원룸의 임대료는 1,564달러였다. 원룸에 계속 살았거나 다른 임대아파트에 세 들어 살았다면, 지금만큼 저축할 수는 없었을 것이다.

단순하게, 장기적으로 투자하라

저축에는 제법 요령이 있었던 나도 투자에는 소질이 없었다. 여러 펀드나 주식을 살피면서 완벽한 투자처를 찾고 있던 나는 아버지로부터 어떤 조언을 듣게 되었다. 아버지는 주말에 투자 조언을 해주는 라디오 프로그램을 꼭 들어보라고 했다. 나는 미심쩍었지만, 그 프로그램을 들어보기로 했다.

1990년대 초반이었다. 진행자는 뱅가드 500 인덱스 펀드Vanguard 500 Index Fund에 관해 이야기했다. 처음에는 진행자가 무슨 말을 하는지 감을 잡을 수가 없었다. ETF(특정 지수를 추종하는 인덱스 펀드를 거래소에 상장시켜 주식처럼 거래할 수 있는 펀드)나 뮤추얼 펀드를 매수하라는 말도 알아듣지 못했다.

하지만 이런 투자는 운용비용이 적게 들고 종목도 매우 다양하다는 진행자의 설명을 들을수록 귀가 솔깃해졌다. 특히 주식시장의 평균 수익률보다 낮은 실적을 받을 걱정이 없다는 점이 내 관심을 끌었다. 수년간 적극적으로 운용하는 펀드도 들어보고 개별 주식에도 투자했지만, 시장 수익률을 따라잡지 못했던 내게 진행자의 이야기는 진리처럼 들렸다.

안타깝게도 나는 진행자의 또 다른 충고를 너무 귀담아들은 나머지 모아둔 돈과 잠잘 시간을 전부 낭비해버렸다. 나는 진행자가 추천한 ETF인 인베스코 QQQ 트러스트Invesco QQQ Trust(이하 QQQ)를 주당 70달러에 매수해서 20달러까지 떨어지는 것을 넋 놓고 볼 수밖에 없었다. 약세장이 계속되는 동안 주식시장에서 가장 변동성이 심한 종목에 투자했기 때문이다.

주가가 곤두박질쳤을 때, 나는 낙하산도 없이 비행기에서 뛰어내리는 아찔한 기분이었다. 몇 년이 지나서야 QQQ 가격이 내 손익분기점에 도달했다. 이 과정에서 시장 타이밍에 관한 중요한 교훈을 배웠다. 주식시장의 흐름을 단기간에 예측하기란 매우 어렵다는 사실이다. 금전적인 낭패를 당한 이후 나는 종목을 단순화하고 장기적으로 투자하기로 마음먹었다.

은퇴할 당시 내 자산 대부분은 뱅가드의 단 세 가지 펀드에 있었다. 뱅가드 종합 주식시장 인덱스 펀드Vanguard Total Stock Market Index Fund에 35퍼센트, 뱅가드 종합 인터내셔널 인덱스 펀드Vanguard Total International Index Fund에 20퍼센트, 뱅가드 종합 채권시장 인덱스 펀드Vanguard Total Bond Market Index Fund에 나머지 45퍼센트가 있었다. 이 펀드만으로도 내가 목표한 금액을 모을 수 있다는 사실을 실수를 통해 어렵게 깨달았다.

사회보장연금 수령을 미루다

어느 날 밤 아버지는 내게 지금 바로 집에 와달라고 했다. 도착하자마자 부모님이 서재로 꾸민 작은 방으로 올라갔더니, 아버지는 내 앞에 태블릿 컴퓨터와 펜을 꺼내시면서 돈을 어디에 두셨는지 이야기했다. 나는 아버지의 행동이 무엇을 뜻하는지 바로 이해했다. 아버지는 신변을 정리하는 중이었다.

아버지는 2년 동안 암으로 고생했고, 화학 요법과 방사선 치료를 여러 차례 받았다. 아버지는 자신이 먼저 세상을 떠나면 내가 어머니를 도울 수 있도록 가진 돈 한 푼까지 모두 어디에 맡겼는지 알려주신 것이다. 아버지의 말씀을 들으면서 나는 평생 보장되는 충분한 수입이 얼마나 중요한지 깨달았다. 아버지는 사회보장연금(은퇴자, 장애인, 유족에게 지급하는 미국의 연금 제도)과 충분하지 않은 퇴직금만으로는 어머니가 생활을 꾸리기 어려울 거라는 사실을 알고 있었다.

그날 밤 나는 부모님 댁을 나오면서 사회보장연금을 70세까지 미루는 편이 현명하겠다고 판단했다. 어머니가 모아둔 저축은 바닥이 날 테고, 아버지의 사회보장연금과 얼마 안 되는 어머니 연금으로 어머니가 살아가기에는 턱없이 부족할 것이다.

연금 수령을 미루며 70세가 될 때까지 기다리는 일은 쉽지 않았다. 특히 40년간 월급을 받다가 저축한 돈으로 생활을 하려니 불안했다. 하지만 나는 얼마나 많은 돈이 있어야 어머니 인생이 좀 더 안정되었을지 생각해보았다. 나도 내 아내에게 똑같이 해주고 싶었다.

현재 내 사회보장연금은 연 4만 달러가 넘는다. 우리 부부가 돈을 관리하는 방법에 관해 의붓아들과 대화를 나눌 기회가 있다면, 연금 수령 시기를 미룬 덕분에 우리가 살아 있는 동안 필요한 기본적인 생활비를 충분히 감당할 수 있는 것이라고 말해주고 싶다. 연금이 늘어나니 인생을 즐길 수 있었다. 재정적으로 얼마나 탄탄한지 알고 있었기 때문에 더 자유롭게 지출할 수 있었다.

아내의 사회보장연금과 내 연금을 합치면 어떤 혼란이 온다고 해도 별 탈 없이 살아남을 수 있을 만큼 충분하다. 우리 포트폴리오가 시장의 타격을 받더라도, 우리는 시장이 회복되기를 기다릴 수 있다는 뜻이다. 가장 중요한 사실은 돈이 많을수록 마음이 더 평화로워졌다는 점이다.

하지만, 지금 내가 경제적으로 안락한 은퇴 생활을 누리고 있어도 후회는 있다. 인생을 돌아볼 때, 나는 조기 은퇴를 하려고 돈을 충분히 저축해야 한다는 생각에 사로잡혀 있었다. 나는 58세라는 조금 이른 나이에 은퇴했다. 은퇴하기까지 기다리지 말고 좀 더 일찍 여행을 다녔다면 좋았을 것이다. 내게 필요한 금액보다 과하게 저축하기보다, 여행에 조금이라도 투자했어야 했다.

은퇴하고 나서 원했던 일을 하겠다고 생각한 것이 실수였다. 은퇴하자마자 부모님을 돌봐야 하는 책임이 밀어닥쳤고, 그다음에는 팬데믹이 전 세계를 덮쳤다. 은퇴 후에 하려고 계획한 일들을 모두 미뤘다. 일을 그만둔 지 12년이 되었지만, 나는 여전히 은퇴자의 삶을 온전히 경험하고 싶다. 아직 충분히 삶을 누렸다고 느끼지 못하기 때문이다.

이 가슴 아픈 느낌은 많은 돈으로도 치유할 수 없다. 유일한 방법은 남은 인생을 온전히 즐기고 경험하는 것이다. 그것이 남은 내 인생 계획이다.

돈의 태도 세 가지

- 합리적인 가격에 집을 사서 오랫동안 살면 주거비를 절약할 수 있다.
- 인덱스 펀드는 투자의 가장 큰 위험성, 즉 시장 평균보다 낮은 수익을 낼 위험성을 없애준다.
- 꿈을 은퇴까지 미루지 마라. 막상 그때가 되면 삶의 여러 사건이나 건강 악화로 언제나 원했던 일을 할 수 없게 된다.

Story 2

돈 공부를 늦게 시작할수록 나를 아껴라

크리스틴 헤이스 Kristine Hayes

뒤늦게 돈 공부를 시작해서 행복을 찾은 사람. 대학에서 생물학 석사학위를 받고 24년간 생물학과장으로 일했다. 반려견 훈련과 권총 사격 경기로 여가를 보낸다. 최근 은퇴해 남편과 애리조나에서 생활한다.

중년에 시작한 돈 공부

40대 중반에 내게 일어난 일은 중년의 위기라기보다 중년의 새 출발이라고 생각하고 싶다. 나는 무엇이 나를 행복하게 하고 무엇이 불행하게 하는지 깊이 생각했다. 그리고 내게 기쁨을 주지 않는 모든 일을 삶에서 몰아내기로 했다. 내 사랑하는 반려견은 데리고 있기로 했지만, 남편은 아니었다. 거의 이십 년 동안 결혼 생활을 한 후 이혼했지만, 예상했던 만큼 정신적 충격이 크지는 않았다.

이혼하는 과정에서 집도 팔기로 했다. 며칠 후에 나는 완벽하게 개조한 약 280제곱미터(84평)의 우아한 집에서 거의 30년간 한 번도 수리한 적 없는 56제곱미터(17평)짜리 임대아파트로 나앉았다. 이제까지 내가 누린 모든 삶이 없어졌지만, 마음은 어느 때보다 행복했다. 하지만 한 가지가 마음을 무겁게 했다. 경제적인 면에서 두 번째 인생을 어떻게 꾸려나갈지 아무 계획이 없었다.

이혼 절차가 마무리된 2013년에 나는 같은 직장에서 15년째 일하고 있었고, 생활비가 평균보다 30퍼센트나 많이 드는 지역에서 살고 있었다. 나는 돈 관리나 투자에 대해서는 백치에 가까웠다. 그래서 타고 다니던 자동차와 개 두 마리, 그리고 집을 팔아 마련한 현금을 쥐고 결혼 생활을 마무리했다. 그래도 퇴직연금은 그대로 가지고 있을 수 있었다.

나는 이혼한 다음 해부터 1달러 지출까지 빠짐없이 계산하기 시작했는데, 그 습관이 지금까지 남아 있다. 조그만 공책에 소득뿐 아니라 아무리 적은 지출이라도 깐깐하게 적었다.

그해 하반기가 되어서야 지출과 소득이 균형을 잡으면서 안정되었다. 매달 집세와 공과금, 보험료와 먹거리에 드는 돈이 조금 넉넉해졌고, 쓸 수 있는 돈도 생기기 시작했다. 그때, 경제적으로 안정된 생활을 지속하려면 스스로 투자 공부를 시작하고 은퇴 계획도 세워야 한다는 것을 깨달았다.

내 독서 목록에는 수즈 오만Suze Orman의 《여성과 돈》, 토마스 스탠리Thomas Stanley와 윌리엄 댄코William Danko가 쓴 《이웃집 백만장자》뿐 아니라 매년 발행되는 파이낸셜 가이드(지금은 '험블달러'로 바뀌었다)가 있었다. 매일 밤 자기 전에 개인 자산관리에 관해 조언하는 블로그 글을 읽고, 뱅가드 설립자 존 보글의 투자 철학을 따르는 투자자들의 커뮤니티 게시판에 올라온 엄청난 양의 정보를 읽었다.

그러다 보니, 가끔은 너무 많은 정보에 휘둘려서 내가 공부한 것들을 분석할 수 없는 상태에 빠지곤 했다. 그래서 체계적인 자산관리 계획이 조금씩 필요하겠다고 생각했다.

구체적인 목표를 정하다

2015년 새해를 맞이해서 내 재정 상태를 정돈하겠다고 결심했다. 내가 가진 순자산을 계산하는 일이 우선이었다. 다행히 내게는 빚이 없었다. 내가 가진 퇴직연금, 저축, 자동차의 총 가치를 합치니 25만 달러가 살짝 넘었다. 마흔일곱 살, 내 또래 사람들의 중위 순자산을 넘는 수치였기 때문에 나는 조금 안심했다.

그다음 내 퇴직연금이 어떻게 투자되고 있는지 검토했다. 나는 직장퇴직연금에 가입되어 있었다. 매달 학교에서 내 월급의 10퍼센트에 해당하는 금액을 퇴직연금 계좌에 적립해주었는데, 내가 적립한 금액은 최소 연 3퍼센트 수익을 내는 보장형 수익 계좌로 바로 들어갔다. 그때까지 나는 비상금을 늘리려면 안전한 투자가 최선이라고 생각했다.

그런데 다음 해에 투자에 관한 얘기를 하다가, 내가 나이에 비해 너무 보수적으로 투자했음을 깨달았다. 그래서 그해 하반기부터 주식형 인덱스 펀드에 투자하기 시작했다. 내 수익률은 괜찮았다. 아주 느린 속도긴 하지만 17년 동안 조금씩 늘어나고 있었다. 하지만 장기적으로 좀 더 높은 수익률을 가져오는 계좌에 투자하고 싶었다. 비상금을 더 빨리 불리려면 퇴직연금 계좌에 월급을 더 많이 저축해야 한다는 것도 알게 되었다.

마지막 단계는 목표를 구체적으로 설정하는 일이었다. 이루고 싶은 목표가 없으면 쉽게 포기할 위험이 있었다. 그래서 퇴직연금의 목표 금액을 25만 달러로 정했다.

2015년부터 월급에서 매달 500달러를 성장주 인덱스 펀드에 투자했다. 학교에서 내 계좌에 적립해준 돈은 타깃데이트 은퇴 펀드 Target Date Retirement Fund(투자자의 은퇴 시기에 맞춰 펀드 매니저가 채권과 주식 비중을 조절해 운용하는 상품)와 성장형 펀드로 나눠서 투자했다. 계좌 잔액이 늘어나니 더 저축하고 싶은 의욕이 생겨서 매달 1,000달러를 투자하기로 했다. 2016년까지 매달 월급의 거의 50퍼센트를 떼어두었다.

검소하게 사는 것도 즐거운 놀이처럼 하게 되었다. 책은 아마존에서 사는 대신 도서관에서 빌려 읽었고, 외식하는 대신 매일 도시락을 준비했다. 추가 소득을 올리려고 프리랜서로 하는 다른 일도 맡았다. 내 소득은 오르락내리락했다. 어떤 달에는 돈을 벌지 못했고, 어떤 달에는 400~500달러를 더 벌었다. 2016년 후반, 퇴직연금 계좌가 처음으로 25만 달러가 되면서 내가 세운 첫 번째 목표를 이루었다.

2017년, 50세가 되자 나는 얼마나 더 오랫동안 하루 종일 일하고 싶은지 심각하게 생각해보았다. 금융 공부를 하면서 60세가 되기 훨씬 전에 은퇴한 파이어족의 이야기를 읽었다. 내 경우, 55세에는 일을 그만둘 수 있겠다는 생각이 들었다. 그때가 되면 학교를 통해 조기 은퇴자를 위한 건강보험제도를 이용할 수 있었다. 그런 혜택 덕분에 시간제로 자유롭게 일하면서도 의료 서비스 혜택을 걱정하지 않을 수 있었다.

앞으로 5년 동안 지금의 저축 속도를 유지할 자신도 있었다. 임대아파트에서 사는 게 좋지는 않았지만, 몇 년 더 살 각오도 있었다. 그래서 두 번째 주요 재정 목표를 55세에 시간제로 일할 수 있도록 충분한 경제적 안정을 확보하는 것으로 세웠다.

나는 성인이 된 후 처음 스스로 견고한 계획을 세우고, 높은 목표도 세웠다고 생각했다. 55세가 됐을 때 내 상황을 재평가해볼 수도 있다는 생각에 마음도 편했다.

갑자기 변경하게 된 계획

살다 보면 누구나 시련을 만난다. 내게는 2018년이 급격한 변화가 있었던 해였다. 내 마음을 공허하게 만든 모든 것을 인생에서 지워버린 2012년과는 달리, 2018년은 행복이 흘러넘친 해였다.

강아지 한 마리를 새로 반려견으로 들였다. 낡은 임대아파트에서 나와서 다시 집주인이 되었다. 나를 가장 행복하게 한 변화는 무엇이었을까? 재혼이었다. 독신 여성으로서 계획했던 내 모든 계획이 갑자기 필요 없어졌다. 이전까지 내 퇴직연금 계좌로 바로 들어갔던 돈은 주택담보대출을 갚는 데 썼다. 강아지 두 마리를 키우던 1인 가구에서 하룻밤 사이에 강아지 네 마리를 키우는 2인 가구가 됐다. 여전히 '조기 은퇴'를 목표로 해도 되는지 의심스러웠다.

나보다 열세 살이 많은 남편은 우리가 결혼할 당시 이미 은퇴한 상태였고, 둘 다 내가 은퇴하는 날을 기다리고 있었다. 그리고 사는 곳도 간절하게 옮기고 싶었다.

2019년에 우리는 은퇴 후 살고 싶은 장소 두 군데를 정하고 찾아갔다. 첫 번째 장소는 주택 가격이 터무니없이 높아서 포기할 수밖에 없었다. 두 번째 장소는 55세 이상을 대상으로 만든 주거 커뮤니티였는데, 아직은 우리 예산으로 가능했다.

그 커뮤니티는 우리가 원하는 요소를 모두 갖추고 있었다. 의료 서비스를 쉽게 받을 수 있었으며, 은퇴자들을 위한 모임도 활발했다. 필요하면 커뮤니티 안에서 시간제 일자리를 찾을 수 있다는 점도 매력적이었다.

우리는 커뮤니티 안에 있는 집 세 채를 살펴본 후 두 채를 사기로 했다. 모두 1980년대에 지어졌고, 한 번도 수리하거나 개조한 적이 없는 집이었다. 다행히 나는 직접 만들고 고치는 데 익숙해서, 집수리에 시간과 노력을 들여야 한다는 점은 전혀 개의치 않았다.

집 두 채를 사려니 뇌의 일부가 짓눌리는 기분이었지만, 다행히 집값이 기록을 세울 만큼 올랐다. 내가 이제까지 했던 일 중 가장 유용하고 행운이 가득한 일이었던 셈이다. 2020년과 2022년 사이에 두 집의 시세가 톡톡히 올라서 2022년 초 살던 집을 팔 때 엄청난 이익을 보고 이사할 수 있었다. 내가 직장에 조기 은퇴를 알린 것도 이때였다.

나는 65세가 되기 전에는 내가 저축한 돈에 절대 손대지 않으려고 한다. 은퇴 초기에, 나와 남편은 남편의 은퇴 소득으로 살기로 했다. 집을 팔고 받은 매매금도 있다. 필요하면 62세에 사회보장연금을 신청할 수도 있다. 남편은 70세가 될 때까지 그 혜택을 미루고 있다.

내 삶을 돌아보면 다르게 해야 할 것도 있었다. 20대 때부터 퇴직연금 계좌에 월급 일부를 저축했어야 했고, 더 젊은 나이에 공격적으로 뮤추얼 펀드에 투자했어야 했다. 하지만 과거를 바꿀 수는 없다. 그리고 행복에는 가치를 매길 수 없다는 사실도 안다. 바로 이 순간, 나는 부엌 탁자에 앉아서 글을 쓰며 안뜰에서 즐겁게 장난치며 노는 우리 개 네 마리를 지켜보면서, 어느 때보다 행복을 느낀다.

돈의 태도 세 가지

- 정확한 목표 금액을 정하라. 구체적인 목표를 세우면 목표에 가까워질 가능성이 더 커진다.
- 사람들은 흔히 "더 젊었을 때 저축했더라면", "좀 더 많은 금액을 주식에 투자했더라면"이라는 두 가지 후회를 한다.
- 계획을 세워라. 하지만 변경할 필요도 있다. 우리 삶은 때로 엄청난 변화에 휩싸인다.

Story 3

절약으로 최고의 사치를 누리다

산지브 사하 Sanjib Saha

조기 은퇴를 준비하고 있는 사람. 혼자 투자 공부를 하고, 투자자에게 투자 자문을 할 수 있는 자격증을 갖췄다. 금융 지식을 갖추기 위해 노력하며, 다른 사람들의 금융 문제 돕는 일을 즐긴다.

나는 미국 소프트웨어 회사에 일자리를 얻어 2000년 초반 미국에 왔다. 영원히 정착할 생각은 없었다. 여행을 좋아했던 나는 외국에서 일하며 새로운 문화를 경험해보고 싶어서 젊을 때 다른 나라에서 일하고, 아내와 함께 다시 인도로 돌아와 정착할 계획이었다. 하지만 일은 내 방식대로 풀리지 않았다.

기회는 우연히 찾아왔다. 1990년대 말 고향에 갔다가 미국 소프트웨어 회사에서 일하던 지인을 만났는데, 당시 그가 다니던 회사는 소프트웨어 업계에서 최고였다. 내가 부러워하자, 그는 내게 이력서를 달라고 했다. 나는 몇 가지 관문을 통과한 후 그 회사에 합격했다.

한 가지 문제가 있었다. 30대 초반에 다른 나라에서 일하면 나중에 인도로 돌아가려는 내 계획이 한참 늦어진다. 그렇지만 여러 장점을 무시할 수가 없었다. 내 인생에서 두 번 다시 오지 않을 기회였다. 미국은 내게 경제적 자유를 선사할 입장권이었다.

미국에 가기로 선택한 두 가지 이유가 있다. 첫째, 급여가 높은 나라에서 일한 다음 생활비가 저렴한 고향으로 돌아가면 유리하다.

조금만 저축해도 꽤 큰 금액일 것이다. 나는 이미 아일랜드의 직장에서 어느 정도 저축을 했고, 미국 달러로 몇 년 더 저축하면 경제적으로 훨씬 안정될 것이다.

둘째, 이제껏 들어보지 못한 스톡옵션(자사 주식을 일정 가격으로 매수할 수 있는 권리)이 연봉에 포함되어 있었다. 주식은 거의 십 년간 상승세였고, 인사담당자는 내가 부자가 될 수도 있다고 농담처럼 말했다. '닷컴 버블 붕괴'(인터넷 기업들의 폭발적 가치 성장으로 대규모 투자가 이루어졌다가, 2000년에 시장이 붕괴한 현상)로 내 스톡옵션이 모두 사라져버리고, 15년 동안 주식도 휴지조각이 되리라고는 상상도 못 했다. 나는 너무 순진했고, 회사의 급여 체계가 훌륭하다고만 생각했다. 그리고 아름다운 나라에서 넉넉한 월급을 받으며, 대단히 중요한 일을 한다고 생각했다.

인생의 변수에 대처하는 방법

그해 여름 나는 미국에 살고 있던 옛 친구를 만나러 갔다. 친구의 아내가 내게 집을 사라고 권했을 때, 나는 몇 년 후 인도로 돌아갈 계획이라고 대답했다. 그러자 친구가 내게 세 가지를 예언했다.

내 몸무게는 순식간에 10킬로그램이 늘어날 것이고, 친구를 만날 시간도 없이 바빠질 것이며, 그러다가 미국에서 영원히 살게 될 거라고.

다음 몇 년 동안 우리는 만나지 못했고, 어느 날 비극적인 사건이 찾아왔다. 친구가 뇌졸중으로 쓰러진 것이다. 나는 소식을 듣자마자 친구를 만나러 갔지만, 슬프게도 그는 깨어나지 못했다. 나는 친구에게 작별 인사도 하지 못했다.

친구의 이른 죽음으로 나는 충격에 빠졌다. 그는 마흔도 되지 않았다. 내 인생도 빠르게 흘러가고 있었다. 나는 미래의 내 모습과 내게 경제적으로 의존하고 있는 가족들의 모습을 떠올렸다. 내가 죽으면 가족들은 어떻게 될까? 중년의 위기는 일찍 시작됐다.

그사이 내게도 이런저런 일이 있었다. 2003년에 나는 이혼했고, 엉망이 된 재정 상태를 되돌리기 위해 한동안 극도로 절약해야 했다. 집세를 절약하려고 위치도 나쁘고 햇빛도 잘 들어오지 않는 타운하우스를 샀고, 식료품과 필수품 외에는 지출하지 않았다. 식사는 집에서 해결했고, 사회생활도 줄였다. 책과 비디오는 사지 않고 빌려서 봤다. 그렇게 지출을 줄여가며 생활했더니 다행히 얼마 지나지 않아서 재정 상태가 정상으로 돌아왔다.

그리고 나는 몇 년 후 재혼해서, 인도로 돌아가려던 계획을 버리고 미국에서 살기로 했다. 이 결정으로 내 계획에 변수가 생겼다. 그 당시 내 나이가 38세였기 때문에, 처음부터 다시 시작하는 게 낫겠다고 생각했다. 재혼으로 의붓딸도 생겼다. 그래서 내가 가입했던 생명보험의 보험료를 올리고 수혜자도 지정했다. 아무런 목적 없이 저축하는 것보다는 분명한 목적이 있어야겠다고 생각했기 때문이다. 터무니없는 실수를 했다는 사실을 깨달은 게 이때였다.

나는 부를 쌓으려면 주식 투자가 필수라는 사실도 몰랐다. 직장인으로서 15년 경력이라는 첫 성과를 은행에 안전하게 모셔둔 채 시간을 낭비한 것이다.

나는 주식시장이 주는 복리의 마법을 놓치고 말았다. 현금을 저축하며 투자의 적기를 기다리지도 않았다. 하지만 내게는 '소득 창출 능력'이라는 귀중한 자산이 있었다. 이것으로 내가 저지른 크고 작은 재정적인 실수를 바로잡을 수 있었다. 꾸준한 소득과 이를 바탕으로 한 재정상의 안전이 나의 최대 장점이었다.

시간을 들여 투자와 개인 자산관리도 공부했다. 덕분에 내가 저지른 실수를 만회하는 일은 어렵지 않았다. 나는 직장퇴직연금에 최대한 저축하고, 그 돈으로 다양한 주식형 펀드와 인덱스 펀드에 투자했다. 직장과 가정에 신경 쓰느라 주식시장에 무지했는데, 이 점이 오히려 기회가 된 것이다.

은퇴 시기 정하기

2000년대가 눈 깜짝할 사이 지나갔다. 아내가 다시 일하기 시작했고, 소득이 늘어나면서 우리 가정의 재정 상태도 한층 탄탄해졌다. 초등학교에 다니던 의붓딸이 어느새 주립대학에 입학해서 집을 떠났다. 우리 부부의 일상은 더 느긋해졌고, 나를 성가시게 했던 여러 문제에 집중할 시간이 생겼다.

어느 날 처음 만난 사람과 짧은 대화를 나누다가 돈 문제에 관해 새로운 걱정거리가 생겼다. 그 사람은 회사에서 직원들의 출퇴근을 위해 제공하는 셔틀 서비스의 시간제 운전사 '테드'였다. 테드는 60대 후반이나 70대 후반으로 보였다. 나는 차가 막힐 때 테드가 쉴 새 없이 내뱉는 말을 들으며, 그가 자기 일에 불만이 많다고 생각했다. 왜 저 나이까지 그토록 싫어하는 일을 계속하고 있는 건지 궁금했다.

그는 35년 이상 일한 직장에서 서너 해 전에 은퇴했다. 은퇴 후 처음 몇 년은 잘 지냈는데 2008년에 금융위기가 닥쳤다. 테드는 은퇴 후에 쓸 비상금이 확 줄어들자, 원금을 까먹는 게 몹시 두려워졌다. 오히려 투자로 잃은 구멍을 계속해서 채울 소득이 필요했다.

믿기 어려웠다. 어째서 세계에서 가장 부유한 나라의 시민이 수십 년 동안 일한 다음에도 은퇴할 수 없는 걸까? 일확천금을 꿈꾸는 헛된 계획에 사로잡혀 돈을 몽땅 잃었나?

테드에게 무슨 일이 있었는지는 모르지만, 금융위기가 이 새내기 은퇴자에게 미친 영향은 짐작할 수 있었다. 테드는 분명 주식시장이 급락했을 때 안절부절못하다가 투자금을 모두 현금화해버리고, 다시는 주식을 하지 않겠다고 결심한 유형의 투자자인 것 같았다.

테드의 이야기 때문에 나는 걱정에 휩싸였다. 월급을 받지 않는 시기가 오면 나도 똑같은 상황에 부딪히는 건 아닐까? 은퇴에는 돈이 얼마나 필요하고, 은퇴까지 얼마나 더 오래 일을 해야 하는가? 딸이 대학에 다니는 지금이 바로 은퇴 준비를 시작할 시기였다.

하지만 확실히 정해진 것은 아무것도 없었다. 나는 내가 은퇴 후에 쓸 비상금을 얼마로 잡아야 할지도 감을 잡을 수 없었다. 내 스프레드시트는 몹시 복잡해졌고, 어떤 가정을 하는지에 따라 은퇴 후에 쓸 금액의 범위가 달라졌다.

그때 내 질문이 틀렸다는 것을 깨달았다.

"안락한 은퇴 생활을 보내기 위해서는 돈이 얼마가 필요한가?"라는 질문은 중요하지 않다. 경제적 안정보다 '내가 개인적인 시간과 자유를 원하는지'가 더 중요했다. 은퇴 날짜를 정하는 용기는 바로 거기에서 나온다.

경제적 자유는 주식 투자 성공과 상관없다

마음가짐을 바꾸니 스프레드시트도 바뀌었다. 나는 3년 후, 50세에 은퇴하기로 마음먹었다. 50세가 되는 생일까지 남은 날을 적어 부엌 벽에 고정해두었다.

내가 진짜로 직장을 일찍 그만둘 수 있을까?

솔직히, 나도 우리 가족의 지출 흐름을 분석해보기 전에는 의심스러웠다. 경제적 자유를 얻는 비밀은 공들여 현명하게 선별한 주식에서 엄청난 이익을 보거나, 재정적인 행운을 만나는 데 있지 않았다. 그보다는 버는 소득보다 훨씬 적게 지출하면서 살았던 우리의 저축 습관에 있었다.

부모님 덕분에 어린 시절부터 내 안에는 절약하는 습관이 있었다. 부모님은 돈에 대한 건전한 습관을 가르쳐주셨고, 나는 사는 동안 그 가르침을 따라 학생 때부터 돈을 책임 있게 사용하고 지출을 줄이려고 애썼다. 인도의 중산층 가정에서 자란 나는 빚지는 일을 극도로 경계하도록 교육받았다. 그래서 대출금도 미리 갚아야만 무언가 해낸 느낌을 받곤 했다.

생활비 지출이 적으면 좋은 점은 두 가지다. 첫째, 이미 절약하는 생활을 하고 있어서 은퇴 후에도 큰돈이 필요 없다. 둘째, 조금 과한 저축률이긴 하지만, 우리 부부의 세후 소득에서 60퍼센트 이상을 저축하면 경제적 안정에 필요한 목표 금액을 상당히 빨리 모을 수 있다. 정액분할투자의 복리 효과 덕분에 이런 마법이 가능했다.

조기 은퇴를 생각하기에는 우리의 재정 상황이 아직 탄탄한 상태가 아니었다. 조기 은퇴 계획이 역효과를 가져올 수도 있었다. 상황이 제대로 돌아가지 않으면 계획을 바꿔야 한다는 사실도 잘 알지만, 나는 내게 다가온 기회를 잡고 싶었다.

50세 생일이 다가오면서 나는 내 직장 상사에게 은퇴 이야기를 꺼냈다. 그때 상사는 최고의 제안을 했다. 완전히 은퇴하기보다는, 일하는 시간을 줄이며 천천히 퇴직하면 어떻겠냐는 것이었다. 나는 그 제안을 흔쾌히 받아들였다. 덕분에 남는 시간에 내가 원하는 취미 활동도 할 수 있다. 막중한 업무를 맡으면서 느끼는 압박감도 없고, 월급에 의존하지 않고 일하다 보니 내 일을 더 즐길 수 있다.

어린 시절부터 유지해온 절약 습관이 다른 이들이 보기에 지루하게 보일 수도 있겠다. 하지만 내게 인생에서 느낄 수 있는 최고의 사치, 경제적 자유를 선사해주었다.

돈의 태도 세 가지

- 매년 더 많이 저축하고 생활을 똑같이 유지하면, 은퇴에 필요한 돈의 규모도 줄어든다.
- 우리는 모두 투자할 때 실수를 저지른다. 일찍 일을 시작해서 꾸준한 소득으로 성실하게 저축하면 그런 실수를 쉽게 극복할 수 있다.
- 은퇴가 다가올 때, 얼마나 저축해야 경제적 안정을 누릴 수 있을지 따지지 말고 삶에서 가장 가치 있는 일이 무엇인지 생각해보라.

Story 4

부자가 되면 정말 행복할까?

마이크 자카르디 Mike Zaccardi

파이어족이 되고 싶지 않았던 사람. 금융 자문 및 투자 회사에 프리랜서로 글을 쓴다. 공인재무분석가이자, 공인재무설계사 시험에 합격했다. 노스플로리다 대학교에서 금융학 강사로 일한다.

나는 지방자치단체에서 운영하는 골프 코스의 연습장에서 골프공 줍는 카트를 운전하는 일을 하면서 처음으로 돈을 벌었다. 급여는 하루에 10달러였다. 2003년, 나는 매일 일하고 받은 10달러를 서랍에 숨겨 두었다가 모두 저축했다. 20년 후 34세에 백만 달러 이상 모았다. 십 대 시절의 내가 꿈꾼 금액이다. 하지만 몇백 만 달러의 재산을 쌓는 과정에서 내가 한때 상상한 의미는 찾지 못했다.

엄마는 나를 지역 은행에 데리고 가서 고정 금리 2.1퍼센트짜리 정기예금을 가입시켜주었고, 당시 나는 '이걸로 일을 안 하고 돈을 벌 수 있다고? 그럼 해야지'라고 생각했다. 이후로 나는 골프 연습장에서 쉴 새 없이 골프공을 줍고, 식료품 체인점에서 시간당 7달러짜리 일을 하면서 은행에 돈을 모았다. 덕분에 2004년 후반까지 3,000달러를 저축했다. 그리고 뱅가드에 개인퇴직연금 계좌를 만들고, 2040년 시점의 타깃데이트 은퇴 펀드를 매수했다. 내가 저축한 3,000달러는 이때 필요한 최소 투자 금액으로 썼다. 정기예금이 만기된 다음에는 그 돈으로 2005년부터 개인퇴직연금 저축을 시작했다. 몇 개월 후에는 퇴직연금 계좌에 최대 금액인 4,000달러를 적립하겠다는 내 목표도 달성했다.

주식 투자만으로는 백만장자가 될 수 없다

기상학에서 금융학으로 전공을 바꾸면서 나는 고향에 있는 대학에 다녔다. 집에서 통학한 덕분에 저축 금액을 늘릴 수 있었고, 2007년 10월 주식시장이 정점에 다다랐을 때, 내 순자산은 3만 달러가 되었다.

낮에는 식료품 체인점에서 일하고 저녁에는 수업에 참석했지만, 주식시장이 개장하는 평일에 나한테 시간이 넘쳐난다는 게 문제였다. 그래서 나는 낮에 주식 거래를 했다. 1년 동안 개별 주식에 투자하면서 몇천 달러를 잃었지만, 내게는 짧은 시간에 시장 수익률을 웃돌 능력과 기질이 없다는 귀한 교훈을 얻었다. 잘못된 길을 가고 있던 것이다.

나는 투자로 억만장자가 될 가능성 따윈 없음을 깨달았다. 그래서 개인퇴직연금 계좌에 한도까지 저축하는 높은 저축률을 유지하면서 장기적으로 부를 쌓는 전략에 다시 집중하기로 했다.

대학에 다닐 동안 학교의 여러 보충 프로그램에 참여하거나 금융단체 모임을 이끄는 한편, 식료품 체인점 아르바이트, 프리랜서 보험판매원 보조, 투자자문 회사 인턴 등으로 일하며 돈을 모았다.

덕분에 2009년 주식시장이 급락했을 때, 모아둔 돈으로 많은 금액을 투자할 수 있었다. 그때 내 순자산이 2만 달러 이하로 떨어졌지만, 저렴한 가격으로 매수하는 게 현명하다는 사실은 분명히 알았다.

소득을 높이는 데 투자하다

무슨 일을 하든지 되도록 돈을 많이 모았다. 생활비는 궁핍하지 않을 정도로 낮게 유지했고, 퇴직연금 계좌에는 할 수 있는 한 최대로 저축했다. 2011년 4월, 졸업할 때 내 순자산은 8만 달러였고 빚도 없었다. 졸업 후에는 펀드 회사에서 일했지만, 회사의 성과 보고서를 읽거나 엑셀 자료를 수정하면서 조용히 살기에는 내가 너무 활동적이었다. 나는 내 길을 찾고 싶었다.

2011년 3분기 주식시장은 약세장이 되었다. 최고 9만 달러에 가까웠던 내 순자산도 7만 달러 아래로 떨어졌다. 그해 하반기부터 대형 증권 회사에서 일했다. 초과 근무를 하고 저축도 많이 했지만, 1년이 지나자 진이 빠졌다. 그때 내 순자산은 크게 올라, 2012년 7월에 10만 달러를 기록했다. 나는 초콜릿 바를 사서 내 이른 경제적 성공을 자축했다. 그리고 직장퇴직연금을 한도까지 적립하는 것을 새 목표로 삼았다.

나는 증권 회사를 그만두고 대형 투자은행으로 일자리를 옮겼다.

내 또래보다 월급을 많이 받았던 나는 퇴직연금 계좌에 계속 최대로 투자했다. 그리고 휘발유도 적게 들면서, 가격도 엄청 저렴한 자동차를 몰고 다녔다. 유지비도 적게 들어서 5년 정도 탔다. 그동안 일하던 투자은행에서 몇 차례 월급도 올라갔다.

2014년 말, 전 직장에서 같이 일하던 관리자가 내게 연락해 트레이딩 센터에서 다시 일하자고 해서 그 제안을 받아들였다. 나는 빠르게 일을 배웠고, 월급도 올랐다. 2015년에는 무려 53퍼센트나 급여가 올라갔다.

내 순자산이 확실하게 뛰기 시작한 때도 이 무렵이다. 2014년에는 20만 달러에 살짝 못 미치는 금액이 되었다. 새 직장에서 더 가까운 집으로 이사해서 통근비도 아꼈다. 대학 시절 돈 한 푼 내지 않고 부모님 댁에서 살았기 때문에, 대학 졸업 후 부모님께 월세로 1,000달러씩 드리고 있었는데 새집으로 이사하면서 공과금과 인터넷 비용을 포함한 월 주거 비용이 469달러로 줄었다.

대학에서 경영학 석사학위(이하 MBA) 과정도 마쳤다. 학비는 회사에서 지원받았고, 나는 곧바로 다음 도전 과제를 찾아냈다. 바로 공인재무분석가 자격증을 따는 것이다. 지난 2011년 1단계 시험을 치렀고 떨어졌지만, 나는 포기하지 않았다. 그 자격증이 있으면 미래의 내 수입이 큰 폭으로 증가할 것이다.

2016년 후반에 내 순자산은 빠르게 늘어나 35만 달러가 되었다. 나는 부지런히 공부해서 자격증 시험을 한 단계 한 단계 차례로 통과했다. 과정을 잘 마친 후 '공인재무분석가 자격증 보유자' 타이틀을 내 이름 뒤에 새길 권리가 생겼다고 알려주는 이메일을 받았을 때, 나는 이제껏 느끼지 못한 성취감을 느꼈다. 그리고 내 순자산은 2018년에 60만 달러 이상으로 올랐다.

게다가 MBA 강의를 가르치던 교수와의 인연으로 금융 관련 수업을 할 기회도 얻었다. 2017년 가을에 시작한 강의가 2021년 봄까지 이어졌다. 대학 겸임교수직으로는 큰돈을 벌지는 못했지만 월급을 받을 때마다 직장퇴직연금에 계속 저축했다.

나는 자격증을 최대한 이용해 현금화하고 싶었다. 온라인 재무 자문가 포럼에 재무 분석 글도 실었다. 덕분에 사람들에게 몇 가지 제안을 받아, 시간당 요금을 받고 포트폴리오를 검토해주거나 블로그 게시글을 올리기 시작했다. 아침 일찍 글을 쓰고 밤에는 대학에서 학생들을 가르쳤다. 회사에서는 승진을 했다. 포트폴리오 관리자와 투자 관련 필자, 강사로 일하면서 2019년, 2020년에 내 총소득은 정점을 찍었다. 순자산은 80만 달러가 넘었고, 운명적인 2020년이 시작됐다.

백만 달러를 모으면 행복할까?

지난 5년 동안 내가 배운 중요한 교훈은 지출을 한없이 줄일 수는 없다는 것이다. 나는 한 해에 1만 달러 이하로 지출했지만, 노숙자가 되지 않는 한 그 이상 줄일 수는 없었다. 지출이 아주 적었던 반면, 소득은 빠르게 증가했다. 내가 빠르게 경제적 자유를 이룰 수 있었던 이유다.

2020년 초반에 나는 회사에서 부서를 옮겼다. 내 글쓰기 사업은 번창하고 있었고, 대학에서도 여전히 학생들을 가르쳤다. 모두 잘 진행되고 있었다. 그러나 그해 팬데믹이 우리를 덮쳤다.

2020년 1월 내 순자산은 86만 달러 정도로, '잠깐' 최대 금액을 기록했다. 내가 '험블달러'에 글을 쓰기 시작한 때가 이때다. 그리고 다음 달에 주식시장이 폭락했다. 2007년부터 써온 스프레드시트의 숫자가 보기만 해도 흉하게 변했다. 나는 신경 쓰지 않았다. 시장이 회복된다는 자신감이 있었기 때문이다. 실제로 시장은 바로 회복되었고, 나는 여전히 여러 가지 일을 했다.

내 순자산은 많은 이들이 저축으로 달성하려는 금액이자, 심리적으로 만족감을 주는 '백만 달러'에 가까워졌다. 거짓말은 하고 싶지 않다. 2020년 10월에 순자산이 백만 달러에 가까워지면서 틈날 때마다 순자산을 점검했다. 그리고 마침내 그날이 왔다. 어땠냐고?

다른 날과 똑같았다. 자격증을 땄을 때 느꼈던 대단한 성취감은 없었다. 백만 달러라는 신기록이 그저 공허하게 느껴졌다.

나는 매일 산책을 하면서 이 문제에 관해 깊이 생각했다. 일찍부터 저축을 꾸준히 해서 경제적 자유를 얻었지만, 과하게 저축에 신경 쓰면서 만족감을 미루다 보니 부정적인 면도 있었다. 직장에서도 스트레스를 느꼈다. 일요일 오후면 즐겁게 월요일을 기다렸지만, 이제는 나에게 맞지 않는 일 같았다. 그래서 2021년 초에 직장을 그만두고, 불확실한 길에 섰다. 이제 내 유일한 소득은 일주일에 5~10시간 동안 일하고 받는 금액이 전부였다. 그렇지만 전화나 이메일, 줌으로라도 다른 이들과 함께 일하니 보람이 있었다. 이제 나는 아침에 두세 시간씩 글을 쓰고, 점심을 먹기 전에 책을 읽고 차트를 살펴보면서 나름 즐겁게 지내고 있다.

나를 '파이어족이 되고 싶지 않았던 사람'으로 기억해도 좋겠다.

2021년에 나는 경제적으로 자립했고(Financial Independence), 깊이 생각하지 않고 일찍 은퇴했다(Retire Early). 내 목표는 절대 33세에 은퇴하는 게 아니었다.

파이어족이 되고 싶지 않다는 것을 깨닫고 나서, 나는 돈을 벌기 위해서가 아니라 내 인생에서 좀 더 괜찮은 목표를 찾고 싶어서 일자리를 찾기 시작했다. 오, 내 순자산이 얼마냐고? 2021년 후반부에는 140만 달러가 되었다. 하지만 요즘은 큰 관심을 두지 않는다.

암호화폐나 기술주에서는 큰 성공을 거두지 못했다. 나는 기술주, 소형주, 해외주에 살짝 치우쳐 투자하면서, 필요한 금액보다 더 많은 현금을 가지고 있으려는 성향이 있다. 그러다 보니 연간 수익률이 상대적으로 괜찮았다. 내 경제적 성장이 수익률보다 저축률 덕분이었다는 뜻이다.

얼마 전 이웃이 내게 생일축하 인사를 건네며 "이제 돈을 써야 할 때"라고 조언해주었는데, 그 현명한 조언을 따라야겠다. 이 사실을 꼭 기억하라.

인생을 즐겨야 한다.

나는 어릴 때부터 나쁜 일이 생길 때를 대비해 충분한 돈을 저축하는 습관을 들였고, 그 흐름을 이어가려고 애썼다.

많은 사람처럼 나도 삶을 통제하려고 했다. 하지만 돈은 마법의 약이 아니다. 현금이 많고 퇴직연금 계좌에 잔액이 많다면 경제적으로 안정되는 건 사실이지만, 마음의 평화와 기쁨까지 가져다주지는 않는다. 삶에서 균형을 찾자. 장기적으로 경제적 안정을 준비하면서도, 순간의 삶도 놓쳐서는 안 된다.

돈의 태도 세 가지

- 시간은 꾸준한 저축을 백만 달러로 바꿔주는 지렛대다. 일찍 시작할수록 더 빨리 목표를 이룰 수 있다.
- 순간의 만족을 과하게 미루지 말라. 현명하게 계획한 포트폴리오로 경제적 안정감은 살 수 있지만, 즐거운 인생은 살 수 없다.
- 조기 은퇴는 훌륭한 목표다. 하지만 은퇴 후의 공허한 날들을 어떻게 채울지 심각하게 고민해보는 게 좋다.

Story 5

여성에게 경제적 자유가 특히 중요한 이유

지아브 와서먼 Jiab Wasserman

'여성의 경제적 자유'에 관해 꾸준히 생각해온 사람. 퇴직소득공인전문가 자격증이 있으며, 태국, 미국, 스페인에서 살았다. 금융 서비스 회사에서 오랫동안 신용위험관리부 부사장으로 있다가 2018년에 은퇴했다.

나는 태국의 중산층 가정에서 태어났다. 아버지는 의사, 어머니는 간호사였고, 부모님은 내가 하는 일이나 돈에 관한 생각뿐만 아니라 인생에 큰 영향을 미쳤다.

나는 첫째고, 네 명의 형제자매 중 유일한 딸이다. 아버지는 나에게 공부나 운동, 다른 특별 활동도 남자 형제들과 똑같이 기회를 주려고 했다. 어떤 일을 할지 말지 고민할 때, '여자라서'라는 이유는 우리 아버지에게는 통하지 않았다. 그때는 페미니스트라는 용어를 몰랐지만, 어쨌든 아버지는 내게 최초의 페미니스트였다.

사람은 보통 어렸을 때 터득한 자신의 전략으로 삶의 어려움에 대처한다. 내 전략은 어머니의 행동에서 비롯되었다. 어머니는 성격 장애가 있었으며, 어린 나에게 특히 화를 냈다. 그래서 나는 어릴 적부터 항상 자제력 유지하는 법을 알았다.

아버지는 검소했고, 늘 옷차림이 소박했다. 아버지가 테니스 바지와 샌들을 신었다는 이유로 고급 식당에서 되돌아 나왔던 기억이 있다. 아버지는 그저 어깨를 으쓱하며, "사람을 겉모습으로 판단하지 말라"라는 교훈을 주셨다.

두 분 다 투자나 돈 관리법에 대해서는 잘 알지 못하셨지만 열심히 일하고 검소하게 살며, 저축을 많이 하셨다. 부모님은 교육을 유일한 투자라고 믿으셨기 때문에, 자녀에게 도움이 되는 최고의 교육이라면 기꺼이 지갑을 열었다.

아버지의 권유로 나는 태국 최고의 대학 쭐랄롱꼰 대학교Chulalongkorn University에 입학했다. 내가 입학했던 1983년에 400명이 넘는 공학도에서 여학생은 25명뿐이었다. 여학생 수는 적었어도 학교에서는 남녀를 똑같이 대우하며 성취도에 따라 판단했다. 남성과 여성이 서로 존중하고 협력하며, 상호 이익을 줄 수 있다는 사실을 나는 대학에서 배웠다. 이때 배운 기준으로 직장의 업무 환경을 판단하고, 때로는 내가 처한 상황에 실망하기도 했다.

성공해도 성차별은 없어지지 않는다

아버지의 격려와 지지 덕분에 대학 졸업 후 1988년에 미국으로 건너가 MBA를 공부했다. 첫 남편 제프를 만난 것도 이 시기였다. 결혼 초기에 우리는 빈털터리나 마찬가지였다. 나는 주택담보대출로 얻은 작은 중개 사무실에서 온종일 일했고, 남편도 시간제로 일하면서 학사학위를 얻기 위해 공부했다. 이동식 주택에서 시누이와 함께 지내면서 집세를 절약한 덕분에, 최대한 저축해서 몇 년 후에는 집을 살 수 있었다.

집을 사고 난 후 나는 재무분석가로 일했는데, 머지않아 시니어 재무분석가로 승진하고 분석팀을 관리하면서 소득이 늘었다. 그래서 직장퇴직연금에 한도까지 저축하고 1996년에 아들이 태어나자마자 학자금 계좌도 가입했다. 이때 낡은 자동차를 값비싼 신형 SUV로 바꿔서, 당시에는 꽤 비싼 450달러를 월 할부금으로 냈다.

경력 면에서는 승승장구했지만, 사실 가정에서는 그렇지 못했다. 나는 제프와 이혼하고 싱글맘이 됐다. 이 과정에서 두 가지 결정적인 실수를 저지르고 말았다. 아이 양육비 청구권과 내게 유일하게 큰 자산인 집을 포기해버린 것이다. 나는 서른셋에 다시 시작해야 했다. 현금 5,000달러와 직장퇴직연금에 저축한 2만 달러가 내가 가진 전부였고, 자동차 할부금도 밀려 있었다.

나는 아기와 함께 방이 하나 딸린 작은 임대아파트로 이사했으며, 자동차를 팔고 평범한 세단형 자동차로 바꿔 월 할부금을 절반으로 줄였다. 그래도 퇴직연금 계좌에는 여전히 한도까지 저축했고, 학자금 계좌에 넣을 돈도 따로 빼놓았다. 아버지의 검소한 생활 방식을 물려받은 덕분에 외식 비용이나 옷 구매 비용 등을 줄이는 건 어렵지 않았다. 아이 옷, 신발, 가구는 차고 세일로 사거나 중고품을 구하거나 친구나 친척을 통해 받았다.

이혼 절차가 마무리된 1998년부터 직장에서 능력을 인정받아 내가 받는 돈이 7만 5,000달러로 올랐다. 대신 한 주에 70~80시간씩 일하기도 했다. 몇 해가 지나자 나는 녹초가 됐다. 이런 일도 있었다. 아이를 병원에 데려가려고 휴가를 신청했더니 직장 여성으로서 경력을 쌓을지, 엄마 역할을 하면서 주저앉을지 둘 중 하나를 선택하라는 말을 들었다.

2001년 말, 뱅크 오브 아메리카에 인수된 회사 컨트리와이드 파이낸셜Countrywide Financial로 직장을 옮겨 일과 일상 사이의 균형을 찾을 수 있었지만, 성차별이라는 혹독한 현실을 마주해야 했다. 나보다 자격도 경험도 부족한 남자 동료는 연말 보너스를 받았지만 나는 받지 못했다.

나는 겉보기에 잘나가는 재무분석가였지만 사실은 '억양이 독특하고 영리한 아시아 여자'라는 꼬리표를 달고 홀대당했다. 내가 업무에 기여한 부분은 무시되거나, 처리했거나 전부 맡아서 한 일도 내 상사가 한 일이 되었다. 시니어 관리자들과 임원들이 참석하는 주요 회의에 참석하지 못하는 경우도 허다했다. 화가 났지만, 싱글맘인 나는 일자리를 잃는 게 두려워서 일을 키울 수 없었다.

시간이 많이 흐른 후에야 상황이 나아졌다. 남성과 여성을 동등하게 대하는 우수한 관리자들과 일하는 행운이 찾아왔다. 나는 계속해서 승진해서 신용위험관리부의 부사장으로 일하다가 2018년에 은퇴했다.

경제적 자유를 얻은 과정을 이야기하려니, 내가 당한 부당하고 불공평한 대우를 말하지 않을 수가 없었다. 이 이야기는 여성과 소수 인종이 겪고 있는 일의 일부일 뿐이다. 내가 결국 성공했다고 해서 사회 체계에서 비롯된 차별이 없어졌다고 말할 수는 없다.

소비 습관이 다른 부부의 돈 관리법

싱글맘으로 지내던 어느 날, 나는 온라인 데이트를 통해 두 번째 남편인 짐을 만났다. 우리는 1년 이상 데이트하고 아담한 집을 한 채 사서 함께 이사한 후 몇 달 후 재혼했다.

나는 몇 가지 기본 원칙을 정했다. 우리 소득에 맞게 검소하게 살면서 가능한 한 저축을 많이 하고, 아이들에게 최고의 교육을 제공하는 데 초점을 맞췄다. 나는 이미 검소한 생활에 익숙했지만, 짐에게는 어려운 결심이 필요했다.

나는 아이들과 점심 도시락을 준비하고 매일 저녁 집에서 요리하는 일이 아무렇지 않았지만, 짐은 외식하고 싶은 유혹을 떨치느라 힘들어 했다. 그래서 내가 할인 쿠폰을 찾아내거나 좀 더 저렴한 맛집을 찾아냈을 때 외식을 하기로 했다.

가족의 돈 관리는 내가 맡았다. 우선 공동명의 통장을 만들고 각자의 부채 상황을 점검했다. 짐에게는 신용카드 빚이 1만 7,000달러가 있었고 자동차 할부금은 없었지만, 나는 신용카드 빚이 없는 대신 자동차 할부금이 남아 있었다. 우리는 각자의 빚을 갚은 다음, 매달 주택담보대출 원금을 더 갚아나갔다.

나는 빚진 상태가 싫었다. 누군가에게 돈을 빌리면 그가 우리를 마음대로 휘두를 수 있어서 싫었다. 나는 신용 점수의 중요성도 알고 있었다. 신용 점수가 우수하면 최고의 금융 상품을 최저 비용으로 협상하고 선택할 수 있다. 짐과 나는 신용 점수를 850점 기준에

800점까지 올리려고 애썼다. 나는 아직까지 신용 점수를 유지하고 있다. 덕분에 기존의 주택담보대출을 저금리 대출로 갈아타면서 이자율을 상당히 낮출 수 있었다.

짐과 나는 소비 습관이 달랐다. 나는 물건을 사기 전에 돌아다니면서 가격과 질을 비교하지만, 짐은 나보다 충동적이었다. 그래도 소박한 삶에 관한 관점은 비슷했다.

교사였던 짐이 좋은 학교들을 잘 알고 있어서, 우리는 좋은 학교가 있는 지역에 저렴한 집을 찾아 정착했다. 수십 년 된 냉방 시스템을 여전히 사용하고 한 번도 수리하지 않은 집이었다.

우리는 집수리에 돈을 쓰지 않기로 했다. 가구는 친척들에게 물려받거나 중고품 할인상점에서 샀다. 대신 집의 에너지 효율을 높이는 데는 돈을 썼다. 단열재를 직접 설치하고, 낡은 온수 욕조가 딸린 수영장은 메운 후 벽돌 파티오를 설치했다. 단열재를 설치하고 수영장을 없애는 데 1만 달러를 썼지만, 매달 에너지 사용료는 200~250달러가 줄었다.

우리 두 사람의 총소득은 많지 않았지만 저축률은 높았다. 대침체 시기에도 투자하기 괜찮은 때가 있었다. 우리는 그 기회를 놓치지 않고, 퇴직연금 계좌에 한도까지 저축하고 남은 금액을 주식형 펀드에 투자했다. 개인퇴직연금에도 최대한 저축하고 아이들 대학 학비로 쓸 학자금 계좌에도 투자했으며 경매로 나온 작은 임대 부동산 한 채를 샀다. 많지는 않지만 매달 임대 소득이 들어온다.

내 급여가 오르거나 보너스를 받을 때, 짐이 여름 계절학기 수업으로 부수입을 벌 때도 우리는 새 자동차, 새 TV 등에 돈을 낭비하지 않고 저축했다. 그래도 밥을 굶은 적도 없고 가족 휴가도 꼬박꼬박 갔다. 짐이 여름방학에 일하면, 그 돈 일부를 휴가에 썼다. 리조트나 5성급 호텔처럼 좋은 숙소를 고집하지 않는다면 비용이 많이 들어가지 않는 나라를 여행할 수 있다.

짐과 나는 각자 세상의 반대편에서 자랐지만, 비슷한 가치를 가지고 자랐다. 우리의 부모님들이 모두 교육에 투자했으니 내 아이들에게도 똑같이 해주고 싶었다.

우리는 아들 생활비 일부를 보조하고, 아들의 꿈을 다른 식으로 도왔다. 짐은 이혼할 때 아이 대학 학비로 쓸 수 있게 전 부인에게 자신의 투자 계좌를 넘겨주었다. 그 돈은 18년 동안 불어나서 사립대학 등록금도 낼 수 있을 정도로 모였다. 짐의 아들들이 졸업했을 때 학자금 계좌에는 6만 달러가 넘게 쌓였기 때문에, 그 돈의 일부로는 아이들에게 줄 선물을 사고 나머지는 학자금 계좌에 그대로 두었다. 그 돈은 우리 부부가 대학원 공부를 하게 되면 수업료로 사용하고, 미래의 손주들에게 일부를 남겨줄 계획이다.

우리가 사는 동네는 집을 팔 때 유리한 지역이었다. 우수한 학교가 모여 있었고 임대 사업체 임원들이 댈러스로 몰려들면서 부동산 가격을 최고로 올려놓았다. 2003년 20만 달러에 구매했던 우리 집은 34만 달러에 팔렸다. 주택담보대출을 갚고 나니 순이익만 24만 달러였다. 우리는 함께 첫 번째 집을 구매한 지 13년 만에 처음으로 주택담보대출 없이 현금으로만 아담한 크기의 타운하우스를 구매했다.

이제 우리 부부는 경제적 자유의 최정점에 도달했다. 아들들이 대학을 졸업한 후 짐과 나는 각각 57세, 53세에 은퇴했다. 일을 그만둔 후, 우리는 살던 타운하우스를 세놓고 스페인으로 가서 3년을 머물다가 다시 돌아와서 행복하게 살고 있다. 과거에 돈을 아끼고 관리했던 덕분에 오늘 우리가 원하는 삶을 선택할 수 있게 되었다.

돈의 태도 세 가지

- 신용카드 대금을 제때 갚고 자동차 할부금과 학자금 대출을 최소화하고, 주택담보대출도 빨리 갚아라. 빚이 있으면 경제적으로 제약이 있을 수 있다.
- 저축과 지출을 엄격하게 관리하면 경제적 자유를 빠르게 이룰 수 있다. 단, 너무 과하게 하지 않도록 조심하라. 지갑을 너무 꽉 쥐고 있으면, 인생에서 누려야 할 즐거움을 놓치게 된다.
- 돈은 무언가를 선택할 힘이다. 그 힘을 얻기 위해 가치 있게 지출하자. 성별에 따른 임금 격차 같은 불이익을 겪는 여성에게는 특히 중요한 문제다.

Story 6

나에게 충분한 돈이 주는 최고의 선물

조너선 클레먼츠 Jonathan Clements

건전한 경제관념에 관해 이야기하는 사람. 금융 정보 웹사이트 '험블달러'의 창립자이자 편집자. 미국 최고의 투자자문 회사에서 일하며 투자에 어려움을 겪는 사람을 도왔다. <월스트리트저널>에서 20년간 칼럼을 썼고, 개인 자산관리에 관한 책도 8권 썼다. 현재는 딸과 사위, 손자 가까이에서 살고 있다.

2007년 말, 나는 45세를 앞두고 있었다. 〈월스트리트저널〉에서 쓸 첫 번째 칼럼을 생각하고 있었지만, 지루하기만 했다. 내 글이 똑같은 말만 반복하는 헛소리로 떨어지기 전에 언제 일을 그만둘지 고민 중이었다. 당시 나는 주택담보대출이 없고 97만 6,000달러 가치를 가진 집을 가지고 있었다.

돈으로 행복을 살 수 없다고 말하는 게 아니다. 그 말이 사실이라고 확실하게 믿고 있긴 하지만, 자랑하는 것도 아니다. 2007년 말 내 인생에 영향을 미친 사건에 대해 말해야겠다. 이후에 일어난 일들은 좋든 나쁘든, 돈을 대하는 생각의 틀을 완전히 바꿨다.

부를 쌓은 최고의 전략

대학 시절 나는 절대 결혼도 하지 않고 아이도 낳지 않겠다고 선언했지만, 케임브리지 대학을 졸업한 지 2년 만에 결혼했고 1년 후에 아빠가 됐다.

아내는 박사 과정 수료 중이라 월급이 많지 않았기 때문에 〈포브스〉에서 연 2만 달러라는 초라한 돈을 받는 내가 집안의 주부양자가 됐다. 되도록 돈을 빨리 모아야 했다. 다른 선택지는 없었다. 우리는 이 시절을 '불황기'라고 불렀다. 금요일 밤에 피자를 사 먹는 일은 사치였다. 자동차 수리라도 필요하게 되면 재앙이었고, 외식을 하면 음식 가격을 따지느라 소화도 잘 되지 않았다.

그러나 상황이 서서히 나아졌다. 내 급여도 올랐고 아내도 학교에 일자리를 얻은 덕분에 1992년에 방 세 개와 화장실 하나가 딸린 집을 사서 이사했다. 당시 우리에게는 꽤 벅찬 집이었지만, 거기서 20년을 살다가 1998년에 이혼했다. 이혼 이후 비로소 나는 내가 버는 1달러부터 제대로 관리하게 되었다.

언론 일은 당시에도 돈을 많이 벌 수 있는 직업이 아니었지만, 감사하게도 나에게는 개인 자산관리라는 다소 따분한 주제를 사람들이 이해하기 쉽고 흥미롭게 쓰는 재주가 있었다. 그 재주 덕분에 1994년, 31세라는 어린 나이로 〈월스트리트저널〉의 전문 칼럼니스트가 되었다. 그 당시 뉴스부서에는 나를 포함해 전문 칼럼니스트가 단 세 명뿐이었는데, 몇 년 지나지 않아 전속 칼럼니스트로서 받을 수 있는 최대 금액인 십만 달러 이상을 받게 되었다. 이후 나는 어떻게 하면 추가 소득을 받을 수 있을지 궁리했다. 매주 〈월스트리트저널 선데이〉에 두 번째 칼럼을 쓰고 책을 쓰면서 추가 소득을 벌었지만, 대가가 따랐다. 주로 주말이나 주중의 이른 아침에 책을 썼기 때문에, 가끔은 녹초가 돼서 컴퓨터가 없는 곳으로 도망쳐야 했다.

그렇게 번 돈으로 주식형 펀드에 투자하고 주택담보대출 월 상환금을 늘렸다. 나는 수많은 실수를 저질렀지만, 이것만은 내가 옳다고 생각한다. 대출을 갚으면 이자율 7퍼센트 이상의 이익을 보는 셈인데, 굳이 수익률 4, 5퍼센트의 채권을 매수해야 할까? 1992년부터 추가로 납부한 주택담보대출 월 상환금 10달러가 수년간 불어나서 2005년에는 대출을 모두 갚을 수 있었다. 최고의 채권 투자였던 셈이다.

투자를 잘하고 있다고 생각했지만, 성공의 열쇠는 투자할 돈이 넉넉하다는 데 있었다. 투자할 수 있는 돈이 넉넉했던 이유는 매우 간단하다. 소득이 늘어도 생활비를 낮게 유지했기 때문이다. 내 아담한 집이 바로 그 증거다. 나는 외식도 거의 하지 않았고, 수년간 똑같은 중고 자동차를 몰았다.

이것이 내가 부를 축적한 최고의 전략이다. 하지만 인생을 즐기는 최고의 전략인지는 모르겠다.

나의 두 번째 어린 시절

2007년까지의 내 삶이 예측 가능한 날들로 채워졌다면, 45번째 생일 이후에는 온갖 종류의 큰 변화가 있었다. 그동안 책을 일곱 권 쓰고, 집을 네 번 옮겼으며, 재혼하고, 또다시 이혼했다. 중년의 위기도 겪었으며, 새로운 일이라면 애써 시도하지 않았다.

그러나, 경제적 자유로 향하는 길을 다지고 나니 이제야 무언가 탐구할 준비가 되었다. 지난 15년간 나는 20대 청년의 삶에서 해볼 수 있는 것들을 시도했다. 너무 일찍부터 가족의 생계를 책임지느라 20대를 누리지 못했기 때문이다.

그래서 나는 지난 십여 년을 내 두 번째 어린 시절이라고 부른다. 어떤 일을 할 때 부족한 돈으로 할 수밖에 없는 20대 청년들과 달리 나는 아무 어려움 없이 시도해볼 수 있었다. 내게 돈은 큰 문제가 아니었다.

이 시기 동안 돈 관리는 어떻게 했을까? 2008년에 시티그룹으로 이직하면서 소득은 두 배가 됐지만, 나는 여전히 보수가 적은 신문기자처럼 살았다.

우리는 대부분 인생에서 큰 경제적 타격을 한두 번은 겪는다. 내 경우는 행운이라고 할 수 있다. 폭풍 같던 시간이 내 마음에 상처를 주었지만, 미래를 위협할 만큼은 아니었다.

지난 15년간 재정적인 성공과 실패를 겪는 과정에서 가장 큰 변화는 돈에 관한 글을 쓰는 내가, 나 자신의 재정 상황에 관해서는 거의 생각하지 않게 되었다는 점이다. 세상에는 일상의 지출을 걱정하는 사람이 너무 많다. 나는 '돈을 생각하지 않는 것이 돈이 선물하는 최고의 사치'라는 결론을 얻었다.

지출할 때도 마음이 좀 더 편해졌다. 일주일에 한두 번 외식을 하면서 음식 가격을 전혀 걱정하지 않는다. 나의 두 아이에게 경제적으로 도움을 주고, 손자의 학자금 계좌에 저축하는 즐거움을 느끼면서, 늦었지만 자선 기부를 중요시하고 있다. 나 자신보다 다른 이들을 위해 지출할 때 더 행복하다는 것을 알게 되었다.

돈에 관한 내 생각이 모두 옳은 건 아니다. 지금 나는 늘 무언가 해야 할 일이 있다. 수십 년 동안 열심히 일하다 보니 일이 일을 하게 만든다. 이게 바로 내가 바꾸려고 애쓰는 부분이다. 내 일은 내 생각만큼 중요하지 않을 수도 있다. 나는 내 일을 사랑하지만, 시간은 절대적으로 한정된 자원이다. 그래서 시간 관리가 돈 관리보다 더 중요하다. 이 사실은 스스로 깨달아야만 한다.

돈의 태도 세 가지

- 소득이 증가해도 생활비를 낮게 유지하면 최대한 많은 돈을 저축할 수 있다. 하지만, 미래의 경제적 안정을 위해 오늘을 과하게 희생하지 말자.
- 주택담보대출 등 빚을 먼저 갚아라. 채권에서 얻는 수익보다 훨씬 클 수 있다.
- 인덱스 펀드를 이용하라. 이 전략은 세계 시장에서 발생하는 이익을 반드시 회수한다. 거기서 얻는 수익과 확실한 저축 습관이 균형을 이루면 안락한 은퇴를 위한 충분한 금액이 쌓일 것이다.

돈의 태도 2

돈에 대한 깨달음은 가장 먼저 가족에게서 온다

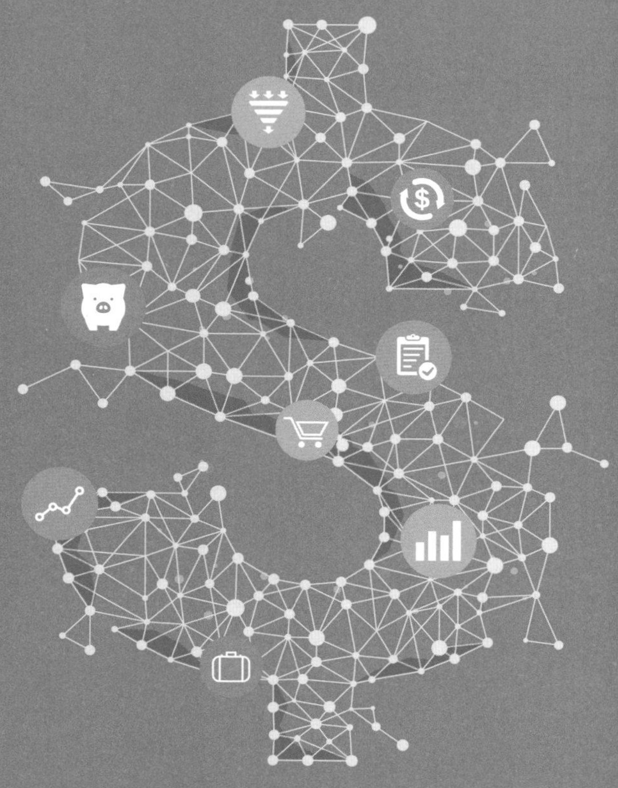

가족은 행복과 걱정의 이유이자 돈을 벌고 모으는 이유이고, 가장 큰 자산이나 빚이 되기도 한다. 2장에서는 가족과 돈을 다루는 방법의 상관관계에 대해 알아본다. 우리가 매일 하는 일들은 누구를 위해서 하는가? 대개 우리 자신이 아니라, 우리가 가장 아끼는 사람들을 위한 일이다.

Story 7

가족을 도우며 깨닫게 된 돈의 태도

리처드 코너Richard Connor

돈에 관해 배우기를 멈추지 않는 사람. 항공우주공학자로 일하다가 절반만 은퇴한 상태로, 금융 문제에 관심이 많다. 운동, 여행, 포도주 만들기, 책 읽기 등 다양한 분야의 취미를 즐긴다.

경제적 자유를 이루기 위한 과정을 생각하다 보니, 록 밴드 그레이트풀 데드Grateful Dead의 '참으로 길고 이상한 여행이었어'라는 노래 가사가 생각났다. 나는 대학에서 공학을 전공해서 졸업 후 항공우주공학자로 일했다. 모든 일에 매우 분석적인 나는 돈에 관한 문제도 당연히 그렇게 접근했다.

성공할 기회가 내 앞에 펼쳐져 있었다. 나는 그 기회를 찾아 최선을 다해 활용했고, 그중 네 가지 경험은 돈의 태도를 만드는 데 큰 영향을 주었다. 돈에 관한 개인적인 흥미가 열정을 다하는 일로 바뀌었고, 돈에 관한 제대로 된 계획이 매우 중요하다는 사실도 알게 되었다.

좋아 보이는 것이 진짜 좋은 것이 아니다

첫 번째 경험은 내 형이 만든 투자 클럽 운영을 도운 일이다. 나는 투자 클럽에 들어갈 생각을 해본 적이 없지만, 좋은 사람들이 모여 있어서 뭔가 배울 수 있겠다고 생각했다. 이 일은 내가 내린 가장 잘한 결정이었다.

우리는 투자 클럽을 소규모 뮤추얼 펀드처럼 운용했다. 회원들이 투자한 돈을 모아 주식을 매수했고, 회원들은 그달에 계산한 주가로 자신이 결정한 수량만큼 주식을 매수 또는 매도할 수 있었다.

클럽 회원들은 자금의 절반을 우량 기업에 투자했고, 나머지 절반은 성장 주식에 투자했다. 1990년대 즈음에는 작지만 고도의 기술을 가진 스타트업들이 차세대 마이크로소프트Microsoft 같은 우량 기업을 꿈꾸며 떠오르고 있었다. 우리는 그중 두 회사의 주식을 매수했다. 주당 5달러에 매수한 한 회사는 주가가 급락해서, 적당히 이익을 보고 우리가 가진 주식을 매도했다. 다른 회사는 평면 스크린 디스플레이 생산 장치를 만드는 소규모 제조업체로 당시에는 매우 멋진 회사라고 생각해서 주식을 잔뜩 샀지만, 그 회사는 시장에서 사라져버렸다. 공급망 문제가 심각했고, 제품 생산량을 늘리는 데도 한계가 있는 회사였다.

나는 이 경험으로 귀중한 교훈을 얻었다. 대단한 기술력과 멋진 이야기가 있어도 사업 관리가 엉망이거나 수익 구조로 전환하지 못하는 회사에 주식 투자를 해서 성공하기란 어렵다는 것이다.

투자 클럽에서 5년을 보낸 덕분에 나는 더 많이 알게 되고 겸허한 투자자가 되었다. 우리의 전체 수익률은 여러 번 오르내리기를 반복했지만, 전체 시장 지수의 흐름과 거의 비슷했다. 우리가 투자했던 우량주는 모두 다우존스 산업 평균지수 30을 따랐고, 성장주 포트폴리오도 비슷하게 평균 수익으로 끝났다. 가장 큰 수익은 이 과정에서 얻은 교훈이었다. 클럽이 마무리될 무렵, 나는 금융과 관련된 모든 부분에 큰 관심이 있었다.

노후에 무슨 일이 일어날까?

두 번째 경험은 훨씬 더 진지하다. 내가 30대 중반이었을 때 60대 초반인 부모님은 경제적으로 어려움을 겪고 있었다. 아버지가 한동안 일이 없어서 두 분은 어머니의 월급과 어머니가 상속받은 얼마 되지 않는 금액으로 생활했지만, 누군가의 도움이 필요하다는 사실은 인정하지 않았다.

나는 내 아내와 형제들과 함께 부모님을 도와 두 분을 편안하게 해드리기로 했다. 여러 해 동안 부모님의 청구서 결제를 도왔지만, 이 정도 도움으로는 부모님이 장기적으로 안정된 생활을 할 수 없었다. 아내는 내게 우리 집을 팔고 부모님께 집을 사드리면서 함께 들어가 살면 어떻겠냐고 말했다. 이 계획을 부모님에게 이야기했더니, 그제야 안색이 밝아지셨다.

부모님은 남은 평생을 우리와 함께 살았다. 아버지는 건강이 나빠져서 보조기와 산소호흡기에 의지해야 했고, 1999년 71세에 세상을 떠났다. 어머니는 아버지가 돌아가시고 난 후 6년을 더 사셨다. 2004년 여름에 뇌졸중을 겪고, 두 달 동안 서서히 몸 왼쪽을 못

쓰게 되었다. 의사들이 어머니의 뇌에서 종양을 찾아냈다. 어머니는 뇌 수술뿐 아니라 항암 화학 요법까지 받았다. 잠시 증상이 괜찮아졌지만, 몇 개월 지나지 않아 다시 증상이 나타나서 더 시도해볼 수 있는 치료가 없었다. 어머니는 2005년 초에 가족들과 친구들이 모인 가운데 세상을 떠났다.

나는 부모님의 건강과 재정 상황에 마음을 쓰면서 많이 배웠고, 이때 비로소 완전한 성인이 되었다고 생각한다. 빚을 정리하고 노인의료보험제도와 씨름했으며, 집안에 부모님을 위한 시설을 설치하고, 마지막에는 토지 자산 두 곳도 정리했다.

아내와 나는 이 모든 일을 겪고서 우리는 아이들에게 경제적 부담을 주지 않겠다고 결심했다. 부모님을 돌보는 일이 때로는 힘들고 해야 할 일도 너무 많았지만, 나는 결코 고생으로 여기지 않았다. 필요하다면 기꺼이 다시 떠맡을 정도로 심오한 경험이었다. 그리고 곧 그런 기회가 생겼다.

세 번째 경험은 아내의 가족과 관련이 있다. 나는 아내 이모님의 재정 관리를 맡았는데, 이모님에게는 자식이 없었다. 70대 후반이 된 이모님은 인지력이 떨어지는 증상이 나타났다. 조금씩 자기 일을 스스로 관리할 수 있는 능력을 잃어가면서 몇몇 자산에 대한 기억을 잃었는데, 내가 찾아냈다.

이모님은 2007년에 내 처가로 옮겼고 아내는 이모님의 의료와 재무를 담당할 대리인이 되었다. 아내는 이모님의 자산을 파악하고, 정리하고, 관리할 책임이 있었다. 이모님은 다행히 몇 가지 연금과 사회보장연금에서 나오는 고정 소득이 충분했다. 내가 해야 할 일은 이모님의 자산을 정리하고 간단하게 만드는 것이었다.

몇 년이 걸리긴 했지만 해냈다. 이모님의 모든 자산을 뱅가드 계좌와 예금 계좌로 통합했고, 이모님의 소득과 지출을 자동화시켰다. 이모님이 자산을 잃어버렸다는 증거를 찾아 대대적으로 수색한 끝에 7만 5,000달러 이상을 되찾았다. 이모님이 십 년 이상 훌륭한 돌봄 서비스를 받을 수 있는 돈을 마련하는 것이 내 계획이었지만, 그런 일은 생기지 않았다.

이모님은 2011년에 81세의 나이로 갑자기 돌아가셨다. 나는 이모님을 돌보면서, 나이가 들면 재정 상황을 단순하게 만들고, 자산과 관련한 서류를 제자리에 잘 보관해야겠다고 생각했다.

한편, 내 장인어른의 사례는 중산층 부부가 성공적으로 은퇴를 준비한 좋은 예시다. 그분들은 열심히 일하고, 소득 안에서 검소하게 생활하며, 성실히 저축했다. 다섯 아이가 다 자란 후에는 퇴직연금 계좌에 열심히 저축했다. 전통 연금과 사회보장연금, 두 분의 저축금으로 65세에 은퇴하여 편안한 생활을 즐길 수 있었다.

장인어른은 2009년 82세의 나이로 돌아가셨다. 남편의 죽음으로 장모님은 자산관리에 흥미를 잃으신 것처럼 보였다. 또다시 내가 그 일을 맡았다. 두 분은 연금을 잘 계획했지만 한 가지 중대한 실수가 있었다. 연금에 가입할 때 장인어른이 한 사람에게만 지급되는 연금을 선택한 것이 문제였다. 이 연금은 본인이 사망하면 연금 지급이 중단되기 때문에 장모님의 소득이 크게 줄었다.

장모님이 가지고 있는 직장퇴직연금, 뱅가드 펀드, 양도성정기예금 등 여러 계좌와 자산을 정리하는 것이 내가 첫 번째로 한 일이었다. 역시 그 자산도 뱅가드 계좌에 통합했다. 그다음, 장모님은 집을 팔고 이모님과 함께 실버타운으로 들어가기로 했다. 입주금은 크지 않았지만, 월세가 약 6,000달러였다. 다행히 장모님과 이모님의 고정 수입을 합해서 그 비용을 감당할 수 있었다.

우리는 장모님의 집을 판 금액으로 투자도 해서 장모님의 자산이 차곡차곡 불어났다. 마음이 편안해진 그때, 갑자기 이모님이 돌아가셔서 장모님 혼자서 월 6,000달러를 감당하며 아파트에 혼자 살게 되었다. 게다가 얼마 후에 장모님에게도 건강상의 문제가 생겼다. 합병증이 심해져서 인지 능력이 떨어진 장모님은, 누군가의 도움 없이 혼자 살기 어렵게 되었다. 우리는 급하게 노인 돌봄시설을 찾아야 했다. 장모님의 재정 상황과 잘 맞는 곳을 찾아다닌 끝에, 우리 집과 가까운 위치에 있고 월 비용은 많이 들지만 초기 예치금이 적은 시설을 발견했다.

장모님의 한 달 지출액이 7,000달러로 올라갔지만, 계산해보니 장모님이 95세가 될 때까지 돌봄 비용을 감당할 수 있는 자산과 소득이 충분했다. 게다가 장모님은 치매 진단으로 생활비 대부분이 세금 공제가 되는 의료 비용으로 분류되었다.

나는 장모님의 지출금을 단기, 중기, 장기 바구니 세 가지로 나누고, 목적에 맞게 관리했다. 현재 필요한 지출을 해결하기 위한 금액을 3년간 보관한 것이 단기 바구니, 단기 채권에 투자한 것이 중기 바구니, S&P500 인덱스 펀드S&P500 Index Fund에 투자한 것이 장기 바구니였다. 장모님은 이미 80대 중반이어서 10년에 걸쳐 자산이 조금씩 줄어들게 계획했다. 하지만 장모님은 겨우 3년 반을 더 사셨다.

가족을 돌보며 얻은 깨달음으로 우리 자신 돌보기

아내의 가족들을 돌보면서 아내와 나는 우리의 은퇴도 준비하고 있었다. 2008년, 2009년에 8퍼센트로 예측했던 주식 연간 평균 수익률이 갑자기 뚝 떨어졌다. 하지만 은퇴 계획을 바꾸지는 않았다. 두 아들이 막 대학을 졸업했기 때문에 직장퇴직연금에 한도까지 저축하려고 애썼다. 그리고 2009년 3월까지 주가가 하락해서 저렴한 가격으로 주식형 인덱스 펀드를 계속 매수했다.

2010년에는 내가 다니던 회사의 사업 부문이 다른 회사에 매각되었다. 직원들은 전통 연금이 없어질까 걱정했고, 당시 시니어 관리자였던 나는 연금 규정을 이전보다 훨씬 잘 알아야겠다고 생각했다.

이것이 돈과 관련한 네 번째 중요한 경험이다. 지금까지 내가 공부한 금융 지식을 넓힐 필요가 있었다. 나는 연금 제도를 연구하고,

우리가 할 수 있는 선택을 설명하기 위해 스프레드시트를 만들었다. 이후 7년 동안 연금 제도 전문가로서 많은 직원을 상담했다. 나는 직원들을 상담해주는 일이 즐거웠고, 계속 공부를 이어가고 싶어서 공인재무설계사 시험과 퇴직소득 계획을 돕는 퇴직소득공인전문가 시험에 합격했다.

2017년에 종일 일해야 하는 정규직을 그만두었는데, 대침체 전에 계획했던 것보다 2년 먼저 은퇴한 셈이었다. 몇 달 후부터는 연금도 받기 시작했다. 진로를 바꿔서 재무설계사로 일하면 어떨지 잠시 생각도 해봤지만, 나이 60세에 새로운 경력을 시작한다니 두려웠다. 일을 그만둔 지 몇 개월째에 전 직장에서 내게 자문 업무를 제안했고, 기꺼이 승낙했다. 그리고 지난 4년 동안 의미 있는 많은 일을 했다.

나는 내가 받은 것을 사회에 돌려주고 싶다는 생각이 늘 있었다. 그래서 저소득 고령 고객의 납세신고서 작성을 무료로 도왔고, 탁월한 선택이었다. 금융에 관한 열정과 공동체를 돕고 싶다는 바람을 연결하고, 현명하고 배려심 있는 사람들과 교류도 할 수 있게 되었다.

2021년에 아내와 나는 필라델피아 교외의 집을 팔고 뉴저지로 이사했다. 이곳이 우리의 마지막 집이 될까? 그럴지도 모르겠다. 몇 시간만 운전하면 아이들과 손자들이 닿을 수 있는 곳에 살아서 좋고, 지역도 마음에 든다. 부모님과 아내의 이모님, 아내의 부모님을 돌보면서 얻은 깨달음으로 나도 노후 준비를 해야겠다는 생각은 하지만, 그래도 여전히 융통성 있게 살고 싶다. 우리 인생의 마지막 시절이 어떨지 알 수는 없지만, 오랜 기간 해온 저축 덕분에 편안하게 살 정도는 된다.

돈의 태도 세 가지

- 부모님과 나이 든 친척을 도울 준비를 하고, 그 경험으로 내가 70대 이상이 되었을 때를 대비하자. 은퇴한 이후에는 재정 상황이 빠르게 변한다.
- 배우기를 멈추지 마라. 사람들에게 조언을 구하든 웹에서 정보를 찾든 교육을 받든, 어디에서든 풍부한 금융 정보와 통찰력을 배울 수 있다.
- 경제적 자유로 향할 때 중요한 것은 과정 자체다. 자신의 인생에서 가족과 친구들을 소중히 품어라. 다른 이를 도울 수 있는 위치에 서면 거리낌 없이, 자주 도와라.

Story 8

기회가 찾아올 가능성을 늘 마련하라

아니카 헤드스트롬 Anika Hedstrom

불운에도 꺾이지 않고 경제적 자유를 얻기 위해 노력한 사람. MBA를 마치고 투자 트레이딩 센터에서 일했다. 똑똑하고 성공한 전문가들과 일하면서, 금융 계획을 세운 이들이 별로 없다는 점에 놀랐다. 공인재무설계사가 된 후 업레벨 웰스Uplevel Wealth를 공동 창업해, 사람들이 살면서 겪을 여러 재정 위기를 줄일 수 있도록 돕고 있다.

베스트셀러 작가 라이언 홀리데이Ryan Holiday는 위대한 작가가 되고 싶다면 스스로 먼저 흥미로운 삶을 살아야 한다고 봤다. "한 번도 위험을 겪지 않은 사람이 무엇을 얻기를 바라나?" 이 말처럼, 우리를 당황하게 만들고 불운으로 이끄는 모든 사건은 앞으로 닥쳐올 미래를 꾸려갈 재료다.

우리는 역경을 통해 삶을 흥미롭게 끌어갈 가능성을 얻는다. 아일랜드의 오래된 축복 기도는 이것이다. '불행 속에서 가난하고 은총 속에서 풍요롭길.' 이 기도문은 이렇게 고쳐야 할 것 같다.

'축복과 불행 속에서도 풍요롭게 하소서.' 경제적 자유를 향한 도전은 이 말에서 비롯되었다.

우리의 삶을 구한 돈의 태도

내가 한 금융 서비스 회사에서 일하고 있을 때 임신이라는 큰 행운이 찾아왔다. 당시 내 나이는 36세였다. 나는 여성 열 명 중 한 명꼴로 나타난다는 자궁내막증이었고, 이 질병이 불임을 유발한다고 진단받는 데만 10년이 걸렸다. 하지만 내 상황은 임신 직후 바뀌었다. 구토와 피곤함이 심해져 여러 전문의를 만나면서 오랫동안 병원 신세를 져야 했고, 예정보다 세 달이나 당겨진 6월에 출산했다. 태어난 아기들은 숨도 제대로 쉬지 못하고 미숙아용 인큐베이터에 들어갔다.

나 같은 사람의 임신 성공률은 1퍼센트보다 낮다. 임신에 들어간 비용은 우리를 휘청이게 할 정도였지만, 남편과 나는 모든 준비를 해두었다. 분만실로 발을 내딛기 오래전부터, 우리는 경제적으로나 다른 면에서 이 상황을 대비하고 있었다. 내 경우는 그런 준비가 훨씬 일찍 시작된 편인데, 부모님을 보면서 자연스럽게 돈에 관한 습관을 배운 덕이다. 나는 특히 아버지를 통해 돈을 쓰지 않아야 부자가 될 수 있다고 배웠다.

그리고 나는 재무전문가로 일한 경력이 있었다. 경제적 성공은 일상의 문제를 효과적으로 해결할 수 있는 소프트 스킬(협업 능력, 문제해결력, 자기 제어력, 감정 조절 등 개인 특성)과 관련이 있다. 행동하는 것만으로는 부자가 될 수 없다. 제대로 된 전략을 따르면서 우리가 통제할 수 있는 일에 초점을 맞춰야 부자가 될 수 있고, 그러면서 인생에서 중요한 일에 더 많은 시간을 투자할 수 있어야 한다.

남편과 나는 인생을 위해 해야 하는 두 가지 것에 대해 놀랄 만큼 생각이 일치했는데, 저축과 우리 자신에 대한 투자였다. 예를 들면 이런 것이다.

우리는 포틀랜드에서 멋진 삶을 살기 위해 꼭 필요한 맛있는 음식, 맥주와 포도주, 친구들과 어울리는 것을 매우 좋아한다. 그리고 위험을 무릅쓰고 뭔가에 도전하거나 지식을 쌓거나 경제적 자유를 준비하고 경험을 쌓는 등 우리에게 중요한 일들에 시간과 돈을 잘 쓰려고 한다.

하지만 이것들을 제외한 나머지 부분에는 지출하지 않거나 최소화한다. 우리가 돈을 대하는 방식은 단순하다. 우리가 좋아하는 일에 지출하고, 소득보다 적게 지출하며, 남은 돈을 투자한다.

실수하지 않았다는 말이 아니다. 가장 큰 실수는 처음 집을 살 때 과한 돈을 쓴 것인데, 2015년 포틀랜드에서 드문 일은 아니었다. 몇 달 후에 우리는 이전 집주인이 얼마나 많은 꼼수를 저질렀는지 알았고 그걸 바로잡는 데 큰 비용을 지불했다. 고장 난 배수펌프를 고치기 위해 약 8,000달러가 들어갔고, 울타리 교체, 배수시설, 하수관과 가스배관, 수로, 나무와 조명까지 전부 바꾸었다. 6개월 뒤 덮친 팬데믹을 대비한 사회적 거리두기를 미리 준비해둔 셈이다.

이 엄청난 프로젝트를 마치고 이틀 후, 마침내 쌍둥이를 집으로 데려왔다. 쌍둥이는 병원의 신생아 집중 치료실에서 87일을 있었는데, 한 아기에게 백만 달러를 훌쩍 넘는 병원비가 들어갔다. 우리는 오바마케어(버락 오바마 전 대통령이 주도한 의료보험 시스템 개혁법)와 우리가 가진 건실한 보험에 감사했다. 우리 보험의 연간 자기 부담 한도액은 1만 4,000달러였다. 이렇게 큰돈도 쌍둥이에게 들어간 총의료비에 비하면 새발의 피였다.

하지만 우리가 재정에 크게 타격을 받지 않고 헤쳐나올 수 있었던 것은 건강보험 덕분만은 아니었다. 1962년에 지은 그 허름한 집은 과한 금액에 샀을지도 모르지만, 그 이상의 가치가 있었다. 주거비용이 적게 들고, 소득이 늘어나도 지출을 늘리지 않았기 때문에 충분한 경제적 여유가 생겼다. 그래서 쌍둥이가 태어나기까지 몇 년 동안 적지 않은 금액을 저축할 수 있었고, 이후 겪게 된 엄청난 일에도 재정적으로 유연하게 대처할 수 있었다.

저축 덕분에 잡은 기회

2020년에 닥친 팬데믹은 내 삶을 되돌아볼 기회를 주었다. 내가 필요로 하고 나와 가족을 위해 원했던 것들이 없다는 생각이 들었다. 그해 말, 나는 여느 때처럼 어린 자녀를 둔 워킹맘인 직장 동료와 점심을 먹었다. 연구에 따르면, 일하는 엄마는 일자리를 찾기도 어렵고 직장에서 인정받지도 못하며, 유능하게 여겨지지도 않는다.

우리는 우리 손으로 이런 문제를 해결해보려고 수수료만 받는 재무설계 서비스 회사, 업레벨 웰스Uplevel Wealth를 만들었다.

금융 서비스 분야는 상당히 힘든 업계고, 실패율도 높다. 고객을 끌어들이는 데 꽤 긴 시간이 필요하고, 진입 장벽도 높다. 예를 들어, 고객의 투자금을 보유해두는 큰 수탁 회사는 금융 자문 회사에 자기 회사 플랫폼을 이용하려면 최소 5천 만 달러를 내라고 요구할

뿐만 아니라, 이전에 거래했던 훨씬 큰 수탁 회사와 거래 종료를 한 후에 플랫폼 사용 허가를 해주기도 한다. 또한, 금융 자문 분야에서 여성과 소수 인종 리더는 매우 드물다. 2019년 벨라 리서치 그룹 앤드 나이트 재단에 따르면, 자산관리 회사 중 99퍼센트를 백인 남성이 운영한다.

이런 장벽에도 불구하고, 팬데믹 덕분에 몇 가지 중요한 기회가 생겼다. 동업자와 나는 고객의 생활 방식을 더 잘 파악하게 되었다. 사무실이 아니라 인터넷의 도움으로 고객의 거실까지 들어가 부엌 탁자에서 고객과 고객의 가족까지 만날 수 있었다. 팬데믹이라는 낯선 시절에 훨씬 필요하다고 여겨지는 인간적 요소를 선사할 수 있게 됐다.

풍요로운 삶을 원하는가? 누군가는 "아이들을 키운다는 것은 정말 어려운 일이지만, 우리가 할 수 있는 최선"이라고 말한다. 나도 동의한다. 경제적 자유를 원하는가? 사업을 하기는 정말 어렵지만, 우리가 할 수 있는 최선이라고 말하겠다.

남편과 내가 수년간 저축으로 모아둔 돈이 있었고 우리의 재정 상황에 숨 쉴 여지를 만들었기 때문에, 새로운 사업을 시도할 수 있었다.

단기적으로 볼 때 '경제적 자유'란 절약하는 능력과 인생을 경험하는 능력이라고 생각한다. 예상치 못한 일이 닥쳤을 때도 삶의 방향을 바꾸며 편안하게 대처하는 능력이자, 어려움 속에서도 위험을 예측하고 무릅쓸 수 있는 능력이다. 그리고 장기적으로 볼 때는, '충분함'이 무엇인지 알고 그것을 얻었을 때 겸허하게 만족할 수 있는 능력이다.

나는 아직 '충분함'이 무엇인지 모른다. 하지만, 불운한 사건에도 좌절하지 않고, 경제적 자유를 향한 과정을 즐기고 있다.

돈의 태도 세 가지

- 건강보험을 꼭 들어라. 의료비가 많이 나오면 자기 부담 한도액이 아무리 커도 파산할 수 있다.
- 뚜렷한 목적을 가지고 돈을 사용하라. 소중히 여기는 일에 지출하고 만족을 주지 않는 지출은 피하라.
- 뜻밖의 새로운 도전을 받아들여라. 그리고 그것을 위한 경제적 여유를 마련해두어라.

Story 9

천천히 부자가 되어도 괜찮다

존 구델 John Goodell

할아버지의 가르침을 실천하기 위해 노력하는 사람. 퇴역 군인과 현역 군인의 세금 문제, 자산설계, 연금 문제 관련 일을 오랫동안 하고 있다. 아내와 아이들과 시간 보내는 것을 가장 좋아한다.

할아버지가 가르쳐준 두 가지 교훈

이 글은 아내와 내가 경제적 자유를 얻어낸 이야기가 아니다. 언젠가는 경제적 자유를 얻겠지만, 아직은 아니다. 이 글은 이야기의 힘에 관한 것이다.

나는 대공황과 제2차 세계대전을 겪었던 할아버지의 삶에 대해 들으면서 자랐다. 궂은날에 대비해 가능한 많은 돈을 모아야 했던 할아버지의 이야기는 언제나 내 마음을 빼앗았다.

1929년부터 주식시장 붕괴의 여파가 소시민의 삶에도 영향을 미치자, 내 증조할아버지는 가족이 운영하는 제조 회사를 아들의 도움 없이는 빚지지 않고 꾸려갈 수 없게 됐다. 할아버지는 불평 한 마디 하지 않았고, 위대한 시대의 다른 사람들처럼 가족의 생계를 책임지려고 분투했다. 그러다 십 년 후 태평양 전쟁에 참전했을 때 기계공학 학위를 받은 실력으로 항공기를 제조 관리하는 일을 했다. 그리고 전쟁이 끝나자 다시 가족 사업을 맡아서 수십 년간 훌륭하게 이끌었다.

할아버지는 행동으로 내게 많은 것을 가르쳐주셨는데, 그중 기억에 남는 두 가지 교훈이 있다. '저축을 최대한 많이 하라'는 것과 '가족이 나은 삶을 살도록 어떤 희생도 마다하지 말라'는 것이었다. 이 교훈은 내 학창 시절 마지막 무렵에 특히 더 와닿았다.

나는 ROTC 장학금으로 대학에 진학했고, 이어서 군법무관이 되기 위해 법학대학원에 지원했다. 미래에 군 복무를 하는 조건으로 대학 학비는 해결했지만, 법학대학원 학비는 혼자 감당할 수가 없었다. 할아버지는 돌아가시기 직전에 내가 학자금 대출을 받지 않도록 대학원 학비 전액을 해결해주셨다. 월스트리트 투자로 수많은 사람이 경제적으로 고통받고 죽음을 선택한 모습을 본 탓인지 할아버지는 평생 빚지는 일을 싫어하셨다.

이제 나는 이 이야기를 우리 아이들에게 들려주면서, 할아버지 이야기에 내 이야기 세 가지를 더한다. 하지만 이 이야기는 악착같이 돈을 모으는 이야기가 아니라, 돈에서 자유로워지는 이야기다.

경제적 자유보다 더 큰 것을 위한 투자

나는 법학대학원을 졸업한 다음 재입대했고, 그즈음 결혼도 했다. 아내가 의대를 졸업하고 레지던트로 근무하는 동안, 내 군인 월급으로 생활을 꾸려갔다. 우리는 검소하게 살면서 월급의 3분의 1을 저축해서 7년 동안 6만~7만 5,000달러를 모았다.

아내가 레지던트를 마치고 의사가 되어 첫 월급을 받은 후 통장에 찍힌 금액을 보고 놀랐던 기억이 난다. 나는 남자, 특히 나이가 많은 사람이 주부양자라고 생각했는데 내 경우에는 아니었다. 내 월급보다 거의 두 배에 가까운 월급을 가져오는 아내에게 항상 진심으로 감사한 마음을 갖고 있다.

의사들은 대개 비싼 차나 큰 집 등 오랜 수련의 기간에 지출하지 못했던 것들을 사는 데 첫 월급을 써버린다. 하지만 아내가 레지던트를 마친 후에도 우리는 검소하게 살았다. 군인보조금도 많이 받아서 연간 지출액이 여전히 3만 2,000달러를 넘지 않았다. 가끔은 집세만 내지 않으면 추가 지출 없이 살 수 있겠다고 생각했다. 또한, 아내는 장학금도 받고 학비가 가장 저렴한 의대에 다녀서 서른두 살에 학자금 대출을 전부 갚았다. 진짜 저축으로 부를 쌓아야 할 때였다.

표준 4퍼센트를 인출 기준으로 잡는 경우, 아내와 나는 35세까지만 저축하면 앞으로 필요한 은퇴 자금을 거의 모으고, 어렵지 않게 경제적 자유를 이룰 수 있었다. 그런데 우리는 거기서 잠깐 멈추고 중요한 질문을 했다.

"나눠 쓸 사람도 없는데, 그 많은 돈이 왜 필요하지?"

마침 우리는 추수감사절에 함께 모인 저녁 식사에서 동생 부부가 입양한 아이 이야기를 들었다. 아주 많은 아이가 입양을 기다리고 있다는 말에 충격받았다. 아내와 이 문제를 깊이 이야기했다. 아이를 키우고 사랑하는 일이 가족의 중요한 일이긴 하지만, 우리는 둘다 아이를 원하지 않았다. 그리고 우리가 키우는 아이가 우리의 유전자를 공유하는 것은 별로 중요하지 않았다. 우리는 삶을 위한 다음 단계를 '입양하기'로 정했다.

우리 부부가 경제적 자유를 이룰 시기가 몇 년 뒤로 미뤄질 수도 있다는 뜻이었다. 아이들 양육에 돈이 많이 들 뿐만 아니라, 가장 값비싼 방법의 입양을 선택했기 때문이었다. 우리는 인생에서 가장 값비싸고 모험이 가득한 여행을 계획하고 콜롬비아로 갔다. 이런 절차를 모르는 사람을 위해 말해보면, 해외 입양은 국내 입양보다 훨씬 더 비싸다. 미국은 한 아이를 입양하면 입양 비용에서 1만 4,890달러까지 상당한 세액공제를 해준다. 그러나 그 공제금은 소득이 높으면 전혀 적용받지 못한다.

2017년 10월에 예상보다 빨리 승인을 받았다. 입양기관에서 우리에게 여전히 입양 의사가 있는지 물었다. 예쁘장한 세 아이의 사진과 기록을 살펴보다가, 아내와 나는 우리가 이 기회를 놓치지 않으리란 것을 알았다.

콜롬비아에서 5주간 묵고 여행한 비용이 거의 1만 5,000달러였다. 콜롬비아 대리인과 기관 사회복지사, 그리고 미국과 콜롬비아 정부에 지불한 입양 비용은 4만 달러였다. 그 와중에 우리가 입양에 대한 세액공제를 받을 자격이 없다는 것이 분명해졌다. 2017년 우리 부부의 소득을 합한 금액이 세액공제를 받을 수 있는 소득 상한선을 넘겨서 세 아이의 입양에 대한 세액공제를 받지 못하게 되었다. 재정 계획에 차질이 생겼다.

그래도 입양 결정은 우리 인생에서 가장 잘한 투자였다. 부모로서 나는 아주 많이 배웠다. 미래에 대한 아무 준비도 없이 한심하고, 자만심만 가득한 사람이었던 내가 아버지가 되면서 더 나은 사람이 되었다.

가족을 위해 연금을 포기하다

입양 후 2년이 지났을 때, 나는 군인을 그만두기로 했다. 39세에 퇴역한 내게는 '군인'이 내가 아는 유일한 직업이었다. 이런 결정이 재정 측면에서 현명한 결정은 아니다. 저축과 투자를 하는 책임은 각자에게 달려 있지만, 군인은 여전히 전통 연금을 받는다. 물가에 연동되며 '엉클 샘'(미국 정부를 상징하는 단어)이 든든하게 지지해주니, 최적의 연금이라고 할 수 있다.

연금 수령액은 복무 당시의 계급과 복무 연차에 따라 상당히 달라지는데, 내 경력으로 생각해봤을 때 내가 받을 연금은 현재 달러 기준으로 연간 6만 500달러 정도 될 것이라고 예상한다. 그 금액을 45세부터 평생 받는 것이다.

나는 여전히 20년 근무를 채워야 하지만, 지금은 예비군에서 일하고 있다. 이 기간은 연금 기준 기간으로 인정되지 않기 때문에 내 연금은 줄어들 것이다. 예비군과 주 방위군에 적용되는 연금은 넉넉하지 않다. 주말에도 일하고, 자연재해가 발생하면 출동해야 하며, 전투 지역이라면 참전도 해야 한다. 예비군에서 얼마나 적극적으로 임하느냐에 따라 받을 연금의 금액도 달라지겠지만, 내 군인 월급의 39퍼센트를 받을 것으로 예상한다. 60세가 되면 연간 4만 6,000달러가량 받을 것이다.

내가 현역 군인으로 6년 더 근무했다면 받았을 금액보다 1만 5,000달러 정도 적은 금액이다. 심지어 군대에 있기만 해도 받을 수 있는 연금의 개시일보다 15년 후에 받게 된다.

내가 왜 편하고, 안전하고, 즉각 수령할 수 있는 연금을 포기했을까? 많은 이유가 있지만, 가장 중요한 이유는 우리 가족이 지난 2년 동안 네 곳이나 옮겨 다니며 살았다는 점이다.

동의하지 않을 사람도 있겠지만, 이사 다니는 일은 아이들의 삶을 상당히 황폐하게 만든다. 새로운 언어와 새로운 문화를 배워야 할 때 더욱 그렇다. 우리 아이들은 곧 새로운 일상에 다시 적응하곤 하지만, 이제 갓 미국인이 되어 자기 자리를 찾아가는 아이들을 희생시키면서 승진 기회를 찾고 있는 내가 이기적으로 느껴졌다. 무엇보다 아내는 나 때문에 매번 일을 중단해야 했다.

진정한 부를 쌓으려면 균형이 필요하다. 나는 대공황이 할아버지 인생에 미친 영향을 생각했다. 할아버지는 저축과 투자로 가업을 성공적으로 이끌었고, 사랑하는 사람을 위해 많은 희생을 치렀다. 할아버지가 쌓은 부에는 돈을 넘어 가족과 친구, 대대로 이어져 내려온 모든 유산이 담겨 있다.

나는 60세가 되기 훨씬 전에 경제적 자유를 이룰 것이다. 그렇지 못하더라도 60세가 되면 기댈 수 있는 예비군 연금과 사회보장연금이 있다. 현재 아내와 나는 우리가 버는 소득을 대부분 저축한다. 할아버지가 주셨던 선물을 아랫세대로 전하며, 그 저축금으로 아이들이 학자금 대출이라는 빚을 지지 않도록 할 것이다.

자녀의 대학 학비를 저축하기 전에 자기 미래를 먼저 준비해야 한다고 말하는 사람도 있다. 우리 부부가 은퇴에 가까운 나이거나 내게 연금이 없다면 그 사람들 말이 옳다고 생각했을지도 모른다. 하지만 아직 나는 '나-먼저'라는 사고방식을 잘 알지 못하고, 솔직히 관심도 없다. 나는 그저 할아버지가 닦아두신 그 길을 걸어갈 예정이다.

돈의 태도 세 가지

- 경제적 자유는 중요하지만, 가족도 중요하다. 사랑하는 이들을 돕는 일은 경제적 목표에 천천히 도착한다는 뜻이다.
- 부부가 생활비를 낮추기 위해 마음을 터놓고 이야기하다 보면, 진로를 바꾸거나 가족을 더 받아들이는 등 여러 가능성의 문이 열린다.
- 역할 모델을 신중하게 정하라. 돈 문제에 밝은 부모나 조부모는 평생 간직할 귀중한 교훈을 남겨줄 것이다.

Story 10

경제적 자유를 얻으려면 모든 가능성을 열어둬라

매트 크리스토퍼 화이트

Matt Christopher White

가치 있는 삶을 위해 계속해서 새로운 재정 목표를 세우는 사람. 공인회계사이자 공인재무설계사이며, 독실한 기독교 신자다. 《돈을 사랑하는 법》을 썼다. 누가복음 6장 43절과 미국 내국세법 643조, 6-4-3 병살을 비교하며 이야기하기를 좋아한다.

제1차 세계대전에 참전한 증조할아버지는 우리 가족이 경제적으로 나아갈 방향을 정했다. 증조할아버지는 제1차 세계대전에 참전한 퇴역 군인들이 전쟁에 있는 동안 받지 못했던 소득에 대한 보상금 800달러로 땅을 조금 샀다. 그 땅은 가족을 일으켜 세울 기회였다. 과일과 채소를 재배하고 가축을 길렀으며, 오랫동안 살게 될 집을 지었다.

가족을 위한 발판으로 마련한 것은 그 땅만이 아니었다.

증조할아버지는 클린치필드Clinchfield 철도 회사에서 차량 정비사로 38년간 일했다. 할아버지도 대학에서 회계를 공부한 후 그 회사에서 일했고, 외할아버지만 철도 회사를 그만둔 후 학교에서 일해 교육감까지 올라갔다. 그리고 우리 부모님 역시 선생님으로 일했다. 부모님은 선대가 재정적으로 안락한 은퇴 생활을 하고 존경받으며 사는 모습을 봤고, 평생 일한 학교의 연금 제도를 활용했다.

미국 철도운송자 퇴직연금위원회나 테네시주 공무원 종합퇴직연금에서 연금을 관리받는 사람은 은퇴를 걱정할 필요가 없다. 그래서 우리 가족이 투자에 관심이 없는 것일지도 모르겠다.

어렸을 때는 나도 돈에 관해 별다른 생각이 없었다. 하고 싶은 농구와 야구 게임만 하면 그만이었다. 1990년대 아이인 나는 마이클 조던Michael Jordan 같은 농구 스타나 켄 그리피 주니어Ken Griffey Jr. 같은 유명한 야구 선수처럼 되고 싶었다.

나는 운동으로 성공할 수 있다고 믿었지만, 어떤 대학에서도 입학 제안을 받지 못했다. 자존심이 상해서, 2004년을 마지막으로 운동을 접겠다고 마음먹었다. 그때 처음으로 고등학교를 졸업하면 무엇을 할지 심각하게 고민했다.

미래를 보는 새로운 시각이 필요하다고 생각해서 테네시 대학에서 공부하기로 했다. 입학하기 전에 스타벅스 창업자 하워드 슐츠Howard Schultz의 전기를 읽다가 경영과 금융에 관심이 생겼기 때문에 대학 오리엔테이션에서 전공 분야를 정하지 않고도 경영학을 전공할 수 있다는 사실을 알게 됐을 때, 완벽하다고 생각했다.

대학 2학년 때 나는 회계학과 금융학을 공부하기로 했다. 금융에 관해 아무것도 모르던 첫날의 기억이 난다. 교수님은 먼저 자기 이야기로 수업을 시작했다. 1990년 후반 그는 급부상하는 실리콘밸리의 기술 분야 스타트업 창립자 중 한 명이었다. 많은 친구가 스톡옵션을 제때 현금화해서 지금은 백만장자가 되었지만, 교수님은 스톡옵션을 오래 가지고 있던 게 탈이었다. 교수님의 스톡옵션과 회사는 함께 파산했다. 그래서 결국 학교로 돌아와 금융 박사학위를 마칠 수밖에 없었다고 한다. 나는 교수님의 이야기를 들으면서 혼자 생각했다.

'교수님은 왜 몰랐을까? 교수님의 기술 분야 친구들이 금융 면에서 교수님보다 훨씬 똑똑하진 않았을 텐데. 그렇다면 운이 상당히 작용하는 것 같단 말이야. 뭔가 나은 방법이 있을 텐데.'

학기 말에 나는 뮤추얼 펀드의 다양한 투자 방식을 공부하고, 자산 분배의 개념도 배웠다. 다음 금융 수업에서 교수님이 복리 수익률을 설명할 때, 나는 얼빠진 사람이 되었다. 차츰, 운이나 이름난 기술 분석법보다 재무 규칙을 정하고 따르는 훈련으로 경제적 성공을 이룰 수 있다고 생각했다.

2009년 나는 대학 동아리에서 만난 세라와 교회 예배당에서 결혼했다. 그리고 둘이 같이 석사학위를 시작했다. 세라는 영약학을, 나는 회계학과 세무학을 공부해 그해 가을 버크하트&코퍼레이션이라는 작은 회계법인에 취직했다.

세무 수업 시간에 개인퇴직연금의 과세 원리를 조사하면서 적립 시 세금이 공제되는 대신 인출 때 세금을 내는 전통 개인퇴직연금과 인출 시 인출액과 이자에 비과세 혜택이 있는 로스 개인퇴직연금의 차이를 알게 되었다. 담당 교수는 복리 수익률에 비과세가 적용될 때 효과적인 이유를 설명했다. 바로 감이 잡힌 나는 로스 개인퇴직연금에 가입했고, 친구의 제안으로 액티브 펀드에 투자도 시작했다. 내가 처음으로 한 투자였다.

나는 무사히 석사학위를 받았고 빚도 없었다. 부동산 가격 거품이 빠지고 얼마 후에, 우리는 세라가 유산으로 받은 돈으로 계약금을 내고 첫 번째 집을 샀다. 맞벌이였기 때문에 월 대출금은 낼 만한 수준이었고, 몇 년 후 주택담보대출을 이자율 3퍼센트 조건으로 갈아탈 기회가 생겨서 뛸 듯이 기뻤다.

한편, 교회에서 1년간 상담 강의를 수강하면서 친해진 상담부서 책임자가 우리에게 조언을 해주었다. 그는 원래 공인회계사였는데, 두 아이 중 한 명이 장애를 가지고 있었다. 그는 우리 부부에게 아직 아이가 없으니 맞벌이하는 동안 되도록 많이 저축하라고 말해주었고, 우리는 그의 말에 귀 기울였다.

직장에서는 버크하트&코퍼레이션의 창립자 겸 사장인 렌다 버크하트Renda Burkhart가 내 멘토가 되어주었다. 사장의 사무실에 앉아 인덱스 펀드의 작동 원리에 대한 설명을 들었던 기억이 난다. 사장은 잭 보글의《모든 주식을 소유하라》라는 책을 열렬히 권했고, 나는 그 책을 게걸스럽게 읽어내려갔다.

세라와 나는 각자 가입한 로스 개인퇴직연금과 함께 회사에서 제공하는 직장퇴직연금, 의료비 저축 계좌(Health Savings Account, 의료 목적으로 사용할 수 있는 절세 상품), 과세 증권 계좌를 바탕으로 탄탄한 재무 기반을 만들었다. 또한, 뱅가드에 든 계좌를 하나로 통합한 후 인덱스 펀드에 주로 투자했고, 포트폴리오에서 적극적으로 운용하는 부분은 저비용에 초점을 두고 관리했다.

자신의 우선순위를 찾아라

세라는 1년 이상 애써도 임신이 되지 않았다. 2013년 초반 세라의 임신 소식을 알았을 때, 나는 정말 뛸 듯이 기뻤다. 하지만 몇 주 후에 아기가 유산됐다는 소식을 들었다. 정신없이 바쁜 납세 기간이어서 세라와 나는 서로 비통한 마음을 헤아릴 시간도 갖지 못했다.

2014년 봄에 다시 아이가 찾아왔다. 기뻤지만 안심할 수 없었다. 나는 직장에서 해야 할 모든 일이 버거웠고, 걱정과 불안에 사로잡혔다. 자산설계와 투자를 철저하게 배우고 싶어서 준비하고 있던 공인재무설계사 시험 준비도 잘되지 않았다. 하지만 나는 세라와 더 많은 시간을 함께하기로 마음먹었다. 다행히 11월에 시험에 합격했고, 딸 리디아는 5일 후에 태어났다.

사장 렌다의 이름이 알려지면서 회사가 유명해진 덕분에 우수한 고객과 같이 일하게 되었다. 나는 높은 순자산을 보유한 고객의 가족 신탁금과 자산관리를 돕는 특별 상품을 개발했다. 일하면서 성공한 사람들을 탐구할 멋진 기회였다. 그렇지만 그 사람들을 보면서 성공한 후에도 여전히 돈, 그리고 또 다른 문제들과 끝없이 씨름하게 된다는 사실을 금방 알게 되었다.

어릴 때 꿈인 프로 운동선수나 대학 1부 리그 코치인 고객도 있었다. 그들처럼 부를 이룬 사람들은 누가 진심 어린 친구인지, 언제 주위에 든든한 방어막을 칠 것인지 등을 알기 위해 애썼다. 부가 대물림되면서 아이들은 특권의식을 갖게 되고, 일에서 가치를 찾기도 어려워진다. 재산이 많아질수록 근심과 부담도 커졌다. 인간관계에서도 즉시 갈등이 뒤따라왔다.

다음 봄의 납세 기간 초반에 세라와 나는 세 번째로 좋은 소식을 들었지만, 곧바로 두 번째 유산을 겪었다. 가슴이 아팠다. 하지만 지난번 실수에서 배운 게 있었다. 1년 중 가장 분주한 시기였지만 일주일간 고객 미팅을 모두 취소하고 일찍 퇴근해 세라와 함께 슬픔을 나눴다. 친구들과 가족에게 사랑과 격려도 넘치게 받았다. 운 좋게도 이번에는 몇 달 만에 네 번째 아이가 생겼다. 엘리자는 다음 2월에 태어났다.

아이를 잃거나 임신을 축하할 때마다 우리는 아이들을 후원했다. 이제 우리는 전 세계에 8명의 아이를 가진 대가족이 되었다. 몇백 통의 편지를 주고받으면서 삶의 이야기를 나누고, 그 나라의 문화를 배웠다. 매년 후원하는 아이들의 생일과 크리스마스에는 선물도 보냈다. 이 모든 일을 딸들도 함께한다는 점에서 더할 나위 없이 좋았다.

나는 부유한 가족들과 없이 사는 게 일상이 된 가족들을 알게 되면서 놀라운 사실을 발견했다. 우리는 생각보다 훨씬 비슷하다는 사실이다. 우리는 모두 근본적으로 똑같은 결정을 내려야 한다. 물론 생각도 다르고 부의 스펙트럼에서 차지한 위치도 천차만별이지만, 자신이 소중하게 간직할 보물이 무엇인지 결정해야 한다. 우리가 선택한 보물이 무르익으면 우리가 어떤 사람이 될지 결정할 수 있다.

경제적 자유를 얻기 위한 지금까지의 과정을 돌아보니, 늘 두 가지 상반되는 마음 상태가 내 결정에 안내자 역할을 했다. 장기적인 안목으로 미래의 결실을 위해 현재를 희생할 때도 있었다. 장기 목표를 향한 걸음을 늦추고, 현재를 가장 우선시해서 살피기도 했다. 언제, 어떤 접근법을 따를지 판단하기가 가장 어려웠다.

아무도 내게 이제 기운 차리고 중요한 선택에 집중할 때라고 트럼펫을 불어주지 않는다. 나는 이 평범한 일상이 내 삶에 진짜 중요한 부분이라고 스스로 말한다.

세라와 내가 생각하는 소중한 가치는 한동안 일치했다. 우리는 경제적 자유를 이루기 위해 뻔한 길로 제한하지 않고 모든 가능성을 열어두었다. 제법 빠른 속도로 우리가 세운 목표를 좇을 때도 있었고, 돈을 벌 유리한 기회도 마다하고 다른 우선순위를 선택할 때도 있었다.

이것 때문에 우리 부부는 진로도 바꾸었다. 나는 공인회계사를 그만두고 범위를 넓혀 지역에서 제일 큰 회사에서 일하고, 내 전문지식을 최대한 활용하면서 프리랜서로 글을 쓰는 자유를 누리고 있다. 반면, 세라는 리디아의 학교에서 시간제 보조교사로 일하면서 자기 시간을 활용하고, 리디아와 귀중한 유대관계를 키워가고 있다. 우리는 균형을 잃지 않으며, 절약하는 생활을 좋아한다.

이렇게 하면 미래의 재정 목표를 향해 서서히 나아가면서도 '오늘'이라는 선물을 느긋하게 즐길 수 있다.

'성공'이란 착각이다. 나는 이미 몇 가지 의미 있는 재정 목표는 달성했고 몇 가지 목표에는 가까워졌지만, 여전히 또 다른 목표를 향해 먼 길을 가야 한다. 그 목표를 이루더라도 삶은 계속될 것이다. 그러면 다시 새로운 목표를 세울 것이다.

돈의 태도 세 가지

- 가족의 역사를 보는 일은 경제적 자유를 위해 필요한 첫걸음이다. 목표를 정하기 전에, 우리가 어디서 비롯되었는지 생각해보라.
- 언젠가 우리 자손도 우리 삶을 들여다볼 것이다. 우리가 물려줄 유산은 돈 자체가 아니라, 살면서 모범을 보인 선례와 가치들에 있다.
- 과시를 위한 목표는 정하지 말라. 그런 목표만을 추구하다 보면, 자신이 진정으로 소중하게 생각하는 인생을 놓치게 된다.

Story 11

투자를 꼭 고독하게 할 필요는 없다

소냐 해거트 Sonja Haggert

사랑하는 사람과 즐겁게 투자하면서 살고 있는 개인 투자자이자, 《투자, 재투자, 휴식》의 저자. 제조 회사에서 오랜 경력을 쌓고, 총괄 관리자로 일했다. 독일에서 태어나 부모님과 함께 캐나다에서 살다가 미국에 정착했다.

1975년 나의 대학 졸업식은 부모님에게 중요한 사건이었다. 부모님은 대학 학위는 없었지만, 열심히 일해서 아메리칸 드림을 이루었다. 그분들은 내 교육비를 낼 수 있는 능력에 자랑스러워하셨지만, 한편으로는 등록금 낼 일이 끝났다는 사실에 안도하며 나의 새 출발을 기대했을 것이다. 특히 어머니는 내가 직업을 갖기를 원했다. 여성이 직업을 가지고 일하기가 쉽지 않던 시절에 어머니는 모피 회사에서 일하는 탁월한 재봉사였다. 월급은 아버지보다 많았고, 은퇴하실 때 연금도 더 많았다. 부모님은 이민자로서 경제적 안정을 걱정하며 살았기 때문에 저축을 최우선으로 두는 분들이었지만, 나는 그렇지 않았다.

대학교 3학년 때 백화점 인턴 자리를 소개받아 졸업 후 백화점에 취직했지만, 돈은 버는 족족 다 써버렸다. 대학에서 만난 남편은 나와 다르게 절약이 몸에 밴 사람이었다. 자라면서 부모님을 위해 집안일을 했고, 한 푼 두 푼 모으면서 저축하는 법을 배웠다.

1980년 우리가 결혼하면서 이 상황이 전부 바뀌었다. 결혼은 경제적으로나 다른 면에서 부부가 함께 영원한 동업을 시작하는 일이었다. 함께 결정해야 할 일이 무수히 많았고, 둘이 결정하면 대체로 더 나은 결정을 내릴 수 있었다.

학자금 대출도 없고 직업도 괜찮은 운 좋은 사람들 사이에서, 우리는 돈을 펑펑 쓰면서도 아무렇지 않게 생각했다. 휴가용 공동 주택을 구매하고도 다른 지역에 집 한 채를 더 구매했다. 나는 주택담보대출을 갚다가 다른 재미있는 일에 쓸 돈이 별로 남지 않았다는 사실을 알게 되었다. 뭔가 변화가 필요하다고 생각했다.

55세에 은퇴할 수 있을까?

남편은 큰 제약 회사에 일자리를 잡았다. 처음에는 실험실에서 일했지만, 곧 영업으로 분야를 바꿨다. 영업직은 승진 기회가 더 많고, 안전성도 보장된다. 우리는 두 가지 연금을 받을 생각을 하고 있었다. 과소비하는 생활을 유지하면서도 모든 준비가 끝났다고 생각했다.

남편이 MBA를 받기 위해 다시 학교에 다니면서 결국 모든 것이 바뀌었다. 어떻게 바뀌었냐고? 금융 분야를 좋아하던 남편의 마지막 과제는 은퇴 계획을 짜는 것이었다. 우리는 55세에 은퇴할 수 있도록 남편의 은퇴 계획을 따르기로 했는데, 한 가지 문제점이라면 그 계획을 이루기까지 10년이 걸렸다는 점이다. 그런데도 우리는 1980년대 후반에서 1990년대 초반 사이 부동산을 두 채나 구매하고, 스타트업에도 투자하고, 또 다른 공동 휴가용 주택이 더 필요하다고 생각했다. 그때 차곡차곡 쌓였던 빚을 생각하면, 그런 위태로운 일을 벌였던 우리가 놀랍다.

부동산은 나쁘지 않았다. 부동산 호황기에 한 채를 판 돈으로 우리가 살던 집을 개조했다. 휴가용 저택은 어떻게 되었는지 궁금한가? 가족들이 그곳에서 멋진 휴가를 보낼 수 있었다. 나중에 그 주택을 조카들에게 선물했다. 여전히 잘 이용하고 있어서 그 집을 산 것은 후회하지 않지만, 그 주택에 들어간 터무니없이 높은 비용이 문제였다.

우리는 아직 40대였지만, 경제적으로 제법 괜찮았다. 하지만 직장에서 몇 번 승진을 해보니, 반복되는 과정이 지겨워졌다. 남편의 은퇴 계획을 심각하게 고민해볼 때였다. 이미 은퇴한 부모님은 인생을 즐기고 있었다. 여행도 하고, 가족이나 친구에게 훨씬 많은 시간을 쓰고 있었다. 우리도 그렇게 하고 싶었다. 그때까지 우리가 한 투자는 양도성정기예금과 진지한 생각 없이 시도해본 뮤추얼 펀드 몇 개가 전부였다.

우리는 재무전문가의 도움을 받았다. 자문가의 믿음직한 투자 조언 덕분에 2008년 금융위기를 아무 문제 없이 넘길 수 있었고, 점점 편안하게 투자 결정을 내릴 수 있었다.

2003년까지 우리는 주택담보대출을 포함해 빚을 모두 갚을 수 있었다. 어머니의 당부가 늘 떠올랐다. "너는 늘 편안하게 살 집을 원했으니 대출을 가능한 한 빨리 갚아라." 또한, 우리가 이미 보유한 연금 이외에 직장퇴직연금 계좌를 개설하고, 매년 한도까지 저축했다.

그해에 우리가 모은 돈이 백만 달러가 됐다. 하지만 우리가 원하는 은퇴 생활을 즐기려면 여전히 더 많은 돈이 필요했다. 은퇴 비상금을 어떻게 하면 확 늘릴 수 있을까?

그때까지 남편과 나는 함께 골프 레슨을 받으면서도 시간 낭비라고 생각하지 못했는데, 이제는 투자라는 새로운 취미 활동을 시작할 때라고 생각했다. 세상에는 스스로 투자할 줄 아는 사람과 누군가의 조언에 따라 투자하는 사람이 있는 것 같았다. 우리는 두 방법을 섞어서 해보기로 했다.

이민자인 부모님은 '안전'을 최고로 여겼다. 부모님의 투자금은 대부분 양도성정기예금에 있었고, 주식시장에 한 번 발을 디뎠다가 실패로 끝났다. 시댁 어른들은 달랐다. 여러 해 동안 주식 투자에 성공했다. 나는 시댁에서 받은 금융 소식지와 다른 소식지를 보면서 스프레드시트를 준비해, 반년 동안 소식지에서 추천한 주식을 추적했다. 그동안 우리는 어떤 투자도 하지 않았다.

매달 소식지에는 주식에 관한 깊이 있는 기사가 실렸다. 우리는 그 리서치 자료를 보면서 어떤 주식을 매수할지 방향을 잡았다. 무엇보다 매도 시점을 알려줘서 좋았다. 덕분에 역사는 반복된다는 두려움, 우리도 부모님처럼 잘못된 주식 투자로 망하지 않을까 하는 두려움에서 벗어날 수 있었다.

취미로 투자를 했더니 몇 년 동안 돈을 벌었고, 남편과 나는 투자를 즐겼다. 그러다가 뮤추얼 펀드 세금 고지서를 보고 깜짝 놀라서 ETF로 옮겼고, 인덱스 펀드 투자에 관해 알고 싶어서 알렉산더 그린Alexander Green이 쓴《낚시 챔프 포트폴리오》를 읽었다.

우리의 포트폴리오는 뱅가드의 대표 ETF 열 가지로 다양하게 구성했다. 포트폴리오 비중은 1년에 한 번만 바꾸면 되고, 남는 시간에는 즐기기만 하면 된다. 이제 그 열 가지 인덱스 펀드는 우리의 전체 포트폴리오에서 4분의 1을 차지한다.

은퇴도 선택할 수 있다

2004년, 서로 다른 성향의 CEO 세 명과 십 년을 일했더니 나는 녹초가 됐다. 좋은 소식이라면 빚을 모두 갚았으니 은퇴도 하나의 선택이 되었다는 점이다. 하지만 나는 여전히 도전하고 싶어서 친구와 스타트업을 준비했다. 아쉽게도 사업을 시작하지는 못했지만, 사랑하는 사람과 일한 경험은 즐거운 기억으로 남았다. 사업을 하지 않기로 하자 다시 나 자신에게 의문이 생겼는데, 그때 운 좋게도 다른 친구가 비영리 기업 이사 자리에 나를 추천한 덕분에 다시 일하게 되었다. 삶의 새로운 목표를 찾아서, 마침내 은퇴할 준비가 된 느낌이었다. 나는 지금도 여전히 활기차게 일하고 있으며, 일을 무척 사랑한다.

2008년에 남편도 은퇴해서, 결국 우리 둘 다 '55세 은퇴'라는 목표를 달성했다. 몇 년 후에는 집주인의 책임감도 내려놓고, 55세 이상을 위한 커뮤니티로 이사하기로 했다. 마음에 꼭 드는 집을 찾았지만 그사이 불행한 일을 겪어서 이사까지 4년의 공백이 생겼다. 갑자기 부모님이 연달아 세상을 떠난 것이다. 부모님 일은 우리가 감당해야 할 가장 큰일이었기 때문에 이사는 꿈도 꾸지 않았다.

은퇴한 후에도 우리는 여전히 개별 주식과 채권에 투자했지만, 투자 관점은 전과 달라졌다. 마크 리히텐펠트Marc Lichtenfeld의 《배당금으로 부자가 돼라》를 읽고 틈새시장에 투자하기로 마음먹었다.

잃은 적이 있냐고? 물론이다. 기술주에서 큰돈을 벌었냐고? 그렇지 못했다. 하지만 우리는 현재 만족한다.

은퇴하면 채권을 더 많이 소유하라고 한다. 리히텐펠트의 조언에 따라 채권에 투자해서 규칙적인 소득을 보장받아 마음이 편했고, 때때로 매매로 자본이득을 올리기도 한다. 또한, 우리는 예전에 한 번 실패했던 스타트업 주식에도 투자했고, 암호화폐에도 깊이 발을 담갔으며, 비트코인도 하면서 투자를 계속 넓혀갔다.

남편과 나는 투자할 주식을 고르면서 열띤 토론을 벌이기도 한다. 저녁 식사를 하면서 우리가 조용할 때는 없다. 여행을 가거나 영화, 콘서트 관람을 하고 박물관을 가거나 멋진 저녁을 먹는 일처럼, 투자도 우리 부부를 더 가깝게 만들어준다.

모건 하우절은《돈의 심리학》에서 행복을 '충분히 갖는 일'이라고 했다. 우리가 원할 때 원하는 사람과 원하는 일을 할 수 있는 그런 은퇴 생활을 즐기고 있다. 정말로, 그것으로 충분하다.

돈의 태도 세 가지

- 투자자는 스스로 투자하거나 재무전문가의 의견에 따라 투자하지만, 두 가지를 섞어서 투자해도 좋다.
- 배우자나 파트너와 돈 관리에 관해 꾸준히 이야기를 나눠라. 장기적인 목표를 따르기로 합의하면 저축할 동기가 생기고, 목표를 이루기 위해 함께하는 과정에서 두 사람은 더욱 가까워진다.
- 처음 시작할 때는 누구나 재무 실수를 저지르지만, 좌절하지 마라. 초기 실수를 보상할 시간은 충분하다.

돈의 태도 3

반드시 통하는 '꾸준함'과 '천천히'의 힘

투자로 큰돈을 벌 수 있다는 가능성 때문에 애가 탈 수 있다. 하지만 집착하기 시작하면 경제적으로 더 궁색해진다. 오히려 일상의 투자자들에게는 오랫동안 월급을 규칙적으로 모으고, 한 푼 두 푼 성실하게 저축해서 모은 돈을 금융시장의 복리에 맡기는 일이 부를 가져다준다. 헛소리로 들리는가? 그럴지도 모른다. 하지만 결과는 짜릿하다.

Story 12

스스로 깨달아 부를 이루다

하워드 로레더 Howard Rohleder

어머니의 은퇴를 돕다가 자신의 경제적 자유를 얻은 사람. 지역 병원 원무과에서 30년 이상 일한 후, CEO로 조기 은퇴했다. 은퇴 후에는 아내 수잔과 산책을 하며 평온한 나날을 보낸다. 알려지지 않은 사실이지만, 하워드는 1994년 5월 〈키플링거 개인 자산관리〉의 표지를 장식했다.

부모님은 대공황의 타격을 깊이 받았는데, 당시 외동아들이었던 내게도 영향을 미쳤다. 아버지는 작은 식료품점을 성공적으로 운영하셨던 할아버지가 은행이 파산하면서 모든 것을 잃는 모습을 지켜보았다. 그 일로 아버지는 은행과 주식시장을 믿지 않았다. 그리고 어머니는 전기도 없는 애팔래치아 산골 마을에서 자라 어린 시절에 겪은 겨울철 추위를 다시 겪을 것을 몹시 두려워했다. 그래서 기꺼이 소비를 미루고 저축했다.

아버지는 "돈을 벌기 위해서는 돈이 있어야 한다"라며 일반 투자자는 금융 세계에서 환영받지 못한다고 말씀하셨다. 돈에 관해서 "누구도 믿어선 안 돼, 할머니라도"라거나 지인을 향해 "뭘 할지도 모르면서 돈만 많다"라며 경멸 어린 말씀도 하셨다. 아버지에게 돈은 시간을 투자할 가치가 없는 덧없는 것이었고, 돈에 관한 이런 부정적인 이미지가 어릴 때 내 생각에 자리 잡았다.

부모님 두 분 다 사치하거나 사회적 지위를 유지하는 데도 돈을 쓸 줄 몰랐다. 어머니는 모든 면에 인색했고, 혼자서 병원을 운영한 아버지는 연금이나 주식, 채권도 없었고 저축도 많지 않았다.

암 진단을 받은 아버지는 은퇴할 수밖에 없었다. 은퇴를 위해 모은 돈으로 9개월을 버틸 수 있었지만, 거의 병을 치료하는 데 썼다. 결국, 아버지는 내가 열일곱 살 때 돌아가셨다. 어머니는 적은 돈이지만 아버지가 남긴 생명보험금과 집을 팔고 받은 돈, 그리고 고정 급여를 받는 일자리를 찾아 당장 생활에 필요한 부분은 해결할 수 있었다. 나는 사회보장연금과 퇴역 군인 보조금으로 대학 학비까지 큰 도움을 받았다.

어머니의 은퇴 준비를 위한 기간이 15년 남았다. 어머니와 나는 투자 경험도 없고, 믿고 맡길 투자자문가도 없었다. "아무도 믿지 말라"라는 아버지의 말이 귓가에 울려 누구를 믿을지 두려울 뿐이었다. 나는 어머니의 은퇴 자금을 준비할 필요가 있다고 생각했다. 개인 자산관리에 관한 책을 읽다 보니, 우리 같은 사람들은 주식 투자에 뛰어들 이유가 너무나 충분했다.

어머니 회사에서는 어머니 이름으로 적은 금액이지만 주식 투자를 하고 있었는데, 언젠가부터 그 돈을 주식형 펀드에 투자하고 있었다. 우리는 담당자를 초대해 이야기를 나누었다. '저가 매수, 고가 매도'라는 담당자의 심오한 이야기를 공책에 끄적거렸던 기억이 난다. 그의 도움을 받아 투자하려고 어머니는 만기된 양도성정기예금에서 2만 달러를 썼다.

나는 공부를 계속하면서 투자에서 발생하는 판매보수와 운용보수를 이해했는데, 거래에서 발생하는 이익을 다른 사람이 가져간다는 사실이 불편했다. 결국, 투자금을 현금화해서 피델리티로 옮겨버렸다.

연구를 많이 하고, 약간의 운도 따라준 덕분에 우리는 불황기에 당시 전설적인 뮤추얼 펀드 관리자 피터 린치Peter Lynch가 운용했던 피델리티 마젤란 펀드Fidelity Magellan Fund에 투자할 수 있었다. 또, 개인퇴직연금이 모든 근로자에게 확대되었을 때, 나는 어머니를 위해 피델리티의 개인퇴직연금 계좌를 만들고 주식형 펀드를 매수했다.

덕분에 어머니는 안정적인 은퇴 자금을 마련할 수 있었다. 어머니 회사에서 우수한 건강보험 지원을 받을 수 있었고, 적지만 연금도 있었다. 그래서 회사가 명예퇴직을 제안했을 때, 어머니는 노후를 위한 충분한 퇴직금을 받고 일찍 은퇴할 수 있었다.

시장에서 균형을 잡는 방법

어린 나이에 어머니를 위해 돈을 관리하며 얻은 경험은 나를 위한 투자를 준비할 때도 도움이 되었다. 대학 졸업 후 나는 주식 투자가 일상인 집안의 사람과 결혼했다. 주식시장에 대한 신념을 갖고 미래에 투자하는 중산층 가족은 내게 새로운 세상이었다. 장인어른은 보수적인 성향의 투자자였고, 그 당시 은퇴를 세심하게 준비하고 계셨다. 나는 장인어른에게 많이 배웠다.

장인어른은 아내가 대학을 졸업할 때 AT&T와 제너럴 일렉트릭 General Electric 주식을 다섯 주씩 선물했다. 그 주식은 몇 년 동안 우리가 가지고 있었던 유일한 개별 주식이었는데, 각 회사의 배당금 재투자제도를 통해 배당금을 재투자해 중개료 없이 주식을 더 보탤 수 있었다.

어머니는 생명보험금으로 종잣돈을 꾸렸지만, 아내와 나는 투자를 위한 종잣돈을 마련해야 했다. 어머니에게서 나도 절약을 배웠다. 수십 년간 투자에 성공하면서 재미를 느끼긴 했지만, 내가 가장 잘하는 것은 저축이었다. 아내와 나는 소득보다 적게 쓰면서 우리 형편에 맞게 꼭 필요한 것들에만 지출했다.

20대 중반에 나는 월급이 많지 않아도 30~40년간 월급을 받으면 예금 계좌에 백만 달러에서 이백만 달러가 쌓인다는 것을 알게 되었다. 월급 일부만 빼내서 투자하면 은퇴나 다른 목표를 위한 저축금을 마련할 수 있었다.

1980년대에는 어머니와 나, 우리 모두 투자가 잘되었다. 다만, 여전히 나는 시장 변동성에서 균형 잡기가 어려웠다. 돈을 잃는 것이 너무 겁이 나서 정상적인 시장 변동 과정이었던 상승세에도 여러 번 매도하려고 했다. 어떤 경우에라도 그냥 보유하거나 오히려 더 매수하는 편이 나았다. 시간이 지나면서 나는 정액분할투자와 포트폴리오 비중을 바꾸는 것이 투자에서 감정을 배제하는 데 도움이 된다는 사실을 배웠다.

새로운 투자자라면 멘토의 조언을 따르거나 전문가의 견해를 듣거나, 주식시장의 역사에 관한 책을 읽으면서 균형감을 배울 수 있다. 하지만 결국 여러 차례 반복되는 시장 변동성을 직접 겪으면서 성공과 실패를 통해 스스로 배워야 한다.

이 사실을 나는 나를 위한 투자가 아니라, 어머니의 은퇴 자금을 마련하면서 깨달았다. 어머니와 나는 삶의 다른 단계에 있어서 나보다는 어머니의 돈을 잃는 것이 훨씬 더 마음 아팠다. 그래서 나를 위한 투자와 어머니를 위한 투자를 다르게 하고, 나는 좀 더 위험을 감수하기로 했다. 내 수익률은 0일 때도 있었지만, 어머니 계좌에는 절대 그런 일이 없었다.

조작된 게임에도 규칙은 있다

어머니와 나를 위해 투자하기로 했을 때, 나는 돈에 관한 아버지의 말씀에서 받아들일 교훈과 버려야 할 교훈을 구별했다. 마음속 깊이 스몄던 아버지의 교훈 중 하나는 다른 사람들이 돈에 관해 이야기하는 조언을 믿지 말라는 것이다. 지금도 갈등하는 부분이다.

긍정적인 면으로 볼 때, 이 교훈 덕분에 나는 스스로 공부했다. 어머니와 나의 납세신고서를 작성하기 위해서는 투자에 관한 결정을 할 때 발생하는 세금에 대해서도 알아야만 했다. 내가 내린 투자 결정이 엉망이라도, 누구도 아닌 내 책임이었다.

나는 학부와 대학원에서 공부하면서 투자에 관해 더 많이 배울 기회가 있었다. 대학에서는 세무회계 수업을 들었고, 대학원에서는 개인재무설계에 관한 수업도 들었다. 그리고 저축과 투자, 개인 자산관리에 관한 글이라면 뭐든지 읽었다. 스스로 알아서 공부하다 보니, 결과적으로 전문가에게 투자를 맡겼을 때 발생하는 운용 보수와 판매보수를 절약할 수 있었다. 때로는 전문적인 지식이 부족해서 수준 미달의 결정을 내릴 때도 있었다.

아버지는 금융 시스템 전체를 믿지 못했다. 평범한 사람이 환영받지 못하는 구조고, 조작된 게임이라고 믿었다. 하지만 나는 그 게임에는 규칙이 있고, 이기기 위해서는 규칙을 배우는 것이 나의 의무라고 생각했다. 1929년 시장 붕괴를 불러오고 할아버지와 아버지의 삶을 흔들어놓았던 그 호황기보다, 20세기 후반에 시장이 훨씬 잘 통제되고 있다고 생각한다.

일자리를 구하자마자 곧바로 개인퇴직연금 계좌를 만들었다. 아이가 생기고 갚아야 할 주택담보대출이 6년이 지나서야 거의 한도까지 적립하고 있다. 정액분할투자를 해서 월급날마다 현금이 투자 계좌로 흘러 들어가게 하려면 아버지께서 절대로 반대했던 시스템을 신뢰할 수밖에 없다. '고가 매수'를 하더라도 시장의 장기적인 우상향 추세는 피할 수 없는 주가 하락을 극복하리라고 믿는다.

나는 내가 책임져야 할 일들의 목록을 적어보았다. 어머니의 은퇴 후 생활을 안전하게 지키고, 가족을 부양하고, 아이들을 교육하고, 내 은퇴 계획을 세우는 일들이다. 내가 이런 의무들에 대비하지 않는다면 나 자신이나 가족, 사회에 얼마나 무책임한 일인가?

아버지의 "뭘 할지도 모르면서 돈만 많다"라는 교훈에는 그 정도면 충분하다는 생각이 담겨 있다. 이미 '충분한' 돈이 있는데 악착같이 돈을 모으는 태도는 돈을 경제적 안정을 얻기 위한 수단으로 보지 않고, 돈 모으는 것 자체만을 목적으로 하는 위험을 부른다.

모건 하우절의 《돈의 심리학》에 따르면 경제적 안정이란 선택권을 갖는다는 것이다. 돈을 적절하게 관리하지 못하면 자기 인생을 스스로 선택할 수 없다. 어머니는 경제적 안정 속에서 남은 삶을 사셨고, 이제 아내와 나도 준비가 됐다. 목표를 성취하는 것, 그것이면 충분하다.

돈의 태도 세 가지

- 자라면서 들은 돈에 관한 교훈은 우리에게 큰 영향을 준다. 그 교훈을 구별해서 내게 의미 있는 것을 찾아내라.
- 투자에서 성공하려면 장기 수익을 가져오는 금융시장의 힘을 믿어야 한다. 분별 있게 투자하면 그 믿음 덕분에 보상받을 것이다.
- 부자가 되고 싶다면 성실하게 저축하고, 신중하게 투자하라. 돈을 충분히 모았을 때를 알아차리고, 더 큰 위험을 감수하지 않는 분별력도 필요하다.

Story 13

꾸준함으로 경제적 자유를 얻어내다

리처드 퀸 Richard Quinn

오랜 시간을 들여 경제적 자유를 이룬 사람. 직원 월급 및 복지 담당으로 일하다가 2010년 은퇴했다. '험블달러'에 꾸준히 글을 쓰며 블로그도 운영한다. 은퇴 후 44개 국가를 여행하고, 자동차로 미국을 두 차례 횡단하며 남은 삶을 즐기고 있다.

이 글은 내가 바닥에서 시작해서 어떻게 50년에 걸쳐 경제적 자유를 이루었는지에 대한 글이다. 돈을 바라보는 내 관점은 부모님, 특히 아버지에게 크게 영향받았다. 아버지는 자동차 영업사원이었는데, 매주 하루도 빠짐없이 아침 8시에서 저녁 8시까지 일했고 67세에 일을 그만두셨다. 이후로 부모님은 오로지 사회보장연금에 의존해 살았다. 하지만 나는 한 번도 아버지가 불평하는 모습이나 다른 사람을 시기하는 모습을 본 적이 없다.

직장을 다니던 마지막 해에 아버지는 메르세데스 벤츠를 판매했다. 한 번도 자동차를 가져본 적이 없었던 아버지는 우리가 전시용 자동차를 타볼 수 있게 허락해주셨다. 열일곱 살 때 퍼레이드에서 메르세데스 벤츠 300SL을 몰았고, 메르세데스 벤츠를 갖는 게 평생의 소원이 됐다.

2004년, 벤츠를 사려고 은행 계좌를 개설하고 저축을 시작했는데, 10년 후 2014년에 메르세데스 벤츠 E350을 현금으로 구매했다. 그리고 사흘 후 아내와 함께 미국 횡단 여행을 시작했다. 내 나이 71세였다.

부모님이 평생 돈 문제로 고군분투하는 모습을 봤기 때문에 나는 기필코 그렇게 살고 싶지 않았다. 1961년 고등학교 졸업앨범에 '나는 미래에 백만장자가 되겠다'라고 썼다. 60년간의 인플레이션을 고려하면, 백만장자는 아니어도 그럭저럭 잘 해냈다.

열심히 일한 대가로 받는 최고의 보상

1961년, 고등학교를 졸업한 후 나는 일을 해야겠다는 생각뿐이었고, 열여덟 살에 우편 배달로 처음 일을 시작했다. 직원 15,000명 중에서 내가 가장 보수가 적었는데, 시간당 1.49달러를 받았다. 몇 달 후에 연금의 월 납부금으로 채권을 사려고 했더니 관리자가 "여기 오래 있지도 못할 텐데 귀찮은 짓 하지 마"라고 했다.

나는 일을 시작하자마자 해고되기 직전이었다. 다행히 노조가 조건을 달고 회사를 설득했다. 야간 학교에서 타자 기술을 배우면 총무부에서 일할 수 있도록 해달라는 것이었다. 이때 배운 기술이 뜻하지 않은 혜택을 가져다주었다. 1968년 군에서 복무할 때 트럭 운전을 하는 대신 인사부로 바로 옮길 수 있었던 이유다. 이 기술 덕분에 나는 사무실에서 일하게 되었다.

내가 자랄 때는 대학에 간다는 것은 절대 입 밖에 꺼내지 못했던 주제였다. 아버지와 어머니는 고등학교까지만 다녔고, 할아버지는 중학교 2학년까지 다녔으며, 증조할아버지는 문맹이었다. 내 고등학교 친구 둘이 프린스턴 대학과 하버드 대학으로 떠났을 때, 나는 일자리를 찾아야만 했다. 그리고 고등학교를 졸업한 지 17년 만에, 그리고 주말과 야간을 이용해 학교에 다닌 지 9년 만에 학위를 받았다.

몇 년 후, 직원 회의에서 박사학위를 가지고 있는 한 여성이 어느 대학에서 학위를 받았는지 이야기하자고 제안했다. 나는 당황했다. 다른 사람들은 프린스턴 대학, 스탠퍼드 대학, 카네기 멜런 대학 등을 말했고 나는 커뮤니티 칼리지와 평범한 주립대학을 나왔다고 말했다. 모두가 알 법한 대학을 나오지 않은 사람은 그 자리에서 내가 유일했지만 직장에서 노력한 시간과 경험이 모든 문제를 해결해주었다. 회의실에서 보수가 가장 높은 사람은 나였다.

1982년까지 회사의 복지부서에서 관리자로 일했다. 그해에 직장퇴직연금제도가 도입돼서 나는 투자에 더 열중했다. 직원이 적립하는 금액과 동등하게 부담해주는 회사의 매칭 제도 덕을 보려고 항상 최대로 적립했다. 아내와 나는 세 아이의 대학 등록금을 내던 시기에도 최대 적립 기준을 맞추기 위해 다른 지출을 줄였다.

하지만 내가 한 가장 최고의 투자는 50년간 열심히 일한 대가로 받는 연금이었다. 그 연금이 직장퇴직연금, 다른 투자금과 함께 나와 아내의 경제적 자유를 보장해주었다. 실제로 사회보장연금과 함께 내 연금이 은퇴 후 우리의 기본 지출을 감당하고 있다.

나는 직장에서 일하는 동안 내내 투자했다. 50년 이상 꾸준히 투자하고 배당금을 재투자하니 돈이 자연스럽게 늘어났다. 게다가

2000년에 내 월급의 일부를 스톡옵션으로 받기 시작했다. 혜택은 그렇게 많지 않았지만, 그래도 나는 만족했다. 스톡옵션이 내게 귀속될 때, 다른 수령자들과 달리 나는 대부분 회사 주식으로 전환했다. 현재 내 과세 투자 계좌에는 회사 주식이 34퍼센트고, 거기에서 배당금도 상당히 많이 받고 있다. 하지만 한 가지 개별 주식에 돈을 많이 투자하는 건 조심성 있는 행동은 아니다.

투자가 아니라 꿈을 위해 집을 사다

나는 정말 운이 좋았다. 그리고 아내와 나는 나쁜 일이 일어날 가능성을 만들지도 않았다. 우리는 맞벌이를 하는 부부가 아니었지만, 신용카드 빚도 지지 않았고 지출이 많든 적든 매달 저축했다.

우리가 처음으로 산 집은 1918년에 지은 집이었다. 9.5퍼센트 이자율로 주택담보대출을 받으면서 우리가 감당할 수 있을지 반신반의하며 집을 샀다. 나는 주택담보대출과 재산세를 포함한 총지불 금액을 쭉 기록해두었다. 아무리 노력해도 실현할 수 없을 것 같던 일을 어쨌든 해냈다. 그 집에서는 5년 동안 살았다.

두 번째 집은 첫 번째 집에서 몇 구역 떨어진 집이었다. 1929년에 지은 집으로, 요즘 집과는 전혀 다른 구조의 집이었다. 방 세 개, 큰 벽장 하나, 화장실 두 개, 자그마한 부엌이 하나 있었다. 우리는 그 집에서 43년간 살았다.

하나가 더 있다.

은퇴 후 메르세데스 벤츠를 사기 전까지 우리는 기본 사양만 있는 자동차를 몰았다. 힘도 부족했고 에어컨도 없었다. 엔진이 폭발하기 직전까지 탔던 자동차도 세 대였다. 오래 타던 쉐보레는 도난당한 적도 있었다. 경찰이 폐기한 차를 찾았다고 전화했을 때, 나는 전화를 끊자마자 경찰서에 가서 그 차를 다시 '빼앗아 와서' 뒷좌석에 있던 음식물과 쓰레기들을 깨끗이 치우고, 수리한 후 엔진이 폭발할 때까지 5년 더 탔다.

그리고 우리는 아이들 세 명의 대학 등록금도 부담했다. 1988년부터 10년 동안 우리 아이들이 하나, 둘, 혹은 세 명이 한꺼번에 대학을 다녔다. 그 등록금을 어떻게 감당했는지 기억이 확실하지 않지만, 직장퇴직연금으로 대출을 받고 우리가 사는 집을 담보로 대출을 받았던 기억이 난다. 아이들 대학 졸업에 들어가는 경제적 부담감을 줄일 수도 있었지만, 아이들 교육비만큼은 전부 우리가 부담하고 싶었다.

평생을 절약하며 살았지만, 나를 위해 휴가용 저택 한 채를 장만했다. 어쩌다 휴가용 주택을 구매하게 됐는지 얘기하려면 오래전 추억을 꺼내야 한다.

수년 동안 아버지는 유급 휴가도 없이 오로지 수당만 받고 일했지만, 한 번 휴가를 간 적이 있다. 1953년 내가 열 살이었을 때, 우리는 케이프 코드로 일주일간 휴가를 떠났다. 내가 기억하는 유일한 가족 휴가다.

아버지 친구가 우리 가족이 지내기 좋은 숙소 한 곳을 추천했는데, 막상 도착해보니 군대 막사보다도 못한 곳이었다. 어머니는 숙박비를 돌려받으려고 어린 내게 갑자기 천식 발작이 왔다고 했다. 그 작전은 성공했고, 숙박비를 환불받은 후 우리 가족은 케이프 코드 근처 몇 군데서 머무르다가 마지막 장소로 케이프 코드 남쪽에 있는 채텀에서 지냈다. 나는 그곳에 푹 빠져버렸다.

그로부터 23년이 지난 1976년에 가족들과 케이프 코드에 갔다. 놀랍게도 그곳은 대부분 내가 기억하던 1953년 모습 그대로였다. 그해 여름부터 우리 가족은 케이프 코드에서 휴가를 보냈고, 나는 매년 채텀에 휴가용 주택을 사고 싶다고 가족들에게 이야기했다.

1987년 2월, 낡았지만 우리 예산에 적당한 금액의 주택 하나를 찾았다. 이번에 집을 구매하지 못하면 다시는 집을 보러 같이 다니지 않겠다는 가족들의 경고도 들었다. 다행히 실수로 들어간 부동산에서 소개한 집 한 채가 우리 예산에 딱 맞았다. 이자율 9.75퍼센트, 30년 만기로 주택담보대출을 받았다. 특히 가족들이 몹시 기뻐했는데, 케이프 코드의 신문이 배달될 때마다 내 성가신 꿈 이야기를 듣지 않아도 돼서 그런 것 같다. 집을 구매한 후, 초반에는 여름 내내 집을 임대해서 주택담보대출 비용을 감당할 수 있었다.

지난 35년 동안 우리는 채텀의 그 휴가 주택을 고치고 유지하는데 30만 달러 이상을 지출했다. 재산세, 공과금, 보험금도 들어갔다. 지금 그 집의 가격은 수리 비용까지 포함해서 우리가 지출한 금액의 두 배 이상 올랐다.

하지만 나는 집을 투자의 대상으로 여긴 적은 없다. 그냥 집이 아니라 가족이 함께 지낸 기억과 꿈을 산 것이다. 다만 아버지가 그 집과 내 차를 볼 수 없다는 점이 안타까울 뿐이다.

돈의 태도 세 가지

- 경제적으로 크게 성공하고 싶다면 목표부터 설정하라. 목표가 없으면 원치 않는 곳에서 끝날 수 있다.
- 직장을 주기적으로 옮기면 월급이 오르고 괜찮은 직책을 얻을 수도 있다. 하지만 만족하면서 일할 직장을 정해 오래 일하면 경제적 자유를 더 수월하게 이룰 수 있다.
- 나는 다른 사람이 하는 일을 통제하거나 갑자기 닥치는 불행을 막을 수 없다. 내 행동만 통제할 수 있다. 돈 관리에 신중한 사람들은 뜻대로 되지 않는 상황에서도 성공을 누린다.

Story 14

경제적 자유를 얻으려면 대출을 먼저 갚아라

필 케르넨 Phil Kernen

경제적 자유로 가는 고된 길을 가족과 함께한 추억으로 바꾼 사람. 공인재무분석가로 재무설계 및 투자관리 회사 미첼 캐피털Mitchell Capital에서 포트폴리오 관리자이자 파트너로 일한다. 휴일에는 가족이나 친구들과 시간을 보내거나 독서와 하이킹을 한다.

나는 새해 결심을 하지 않는다. 내가 저축하는 이유는 명확한 부의 단계를 목표로 정하고, 그 목표를 이루기 위해서가 아니다. 나는 확실한 인생 계획을 세운 적이 없다. 그런데 아내와 나는 결혼 초반에 우리 가족의 재정 상태에 계속해서 영향을 줄 두 가지 목표를 정해 충실히 따랐고, 아이들이 어릴 때부터 성인이 된 지금까지 여전히 우리에 관해 이야기를 나눈다.

2000년에 우리 딸이 태어났고, 2002년 초반 또 임신이 되었다. 쌍둥이였다. 우리는 이 일에 대해서도 진지하게 이야기를 나눴다. 아이 한 명을 키우는 데 돈이 많이 든다는 사실은 알고 있었다. 아무리 맞벌이 부부라도 경제적으로 힘든 일이었다.

지출은 어마어마했다. 어린이집과 유치원에 나가는 비용만 1년에 2만 4,000달러로, 우리 예산에서 가장 많은 부분을 차지했다. 주택담보대출도 1년에 2만 4,000달러였다. 다행인 점은 학자금 대출이나 신용카드 빚이 없었고, 자동차도 이미 두 대 있었다는 점이다. 아이들이 성장하면서 경제적인 부담이 컸지만, 미래를 생각해서 저축에 우선순위를 두었다.

매 연말 우리 부부는 다음 해의 개인적 목표와 재정적 목표를 이야기하면서 퇴직연금 계좌에는 얼마나 저축할지, 집수리나 여행에는 얼마나 지출할지 등을 계획했다. 2004년에는 전혀 다른 방향으로 이야기가 흘러갔다. 우리 둘 다 이전과 달라져야 한다고 느꼈고, 아내가 주택담보대출을 일찍 갚자고 말했다.

우리들의 첫 번째 재정 목표

1997년에 집을 구매했으니, 주택담보대출 기간 30년 중 겨우 6년이 지났을 뿐이다. 30년 동안 7.88퍼센트의 이자를 내는 조건이었다. 12개월이 채 안 됐을 때 7.25퍼센트짜리 대출로 갈아탔고, 2002년에 5.63퍼센트로 이자율을 더 낮췄다.

우리는 5.63퍼센트에 해당하는 금액과 주식에 투자했다면 벌었을 금액을 비교해봤다. 2000~2002년의 약세장 이후 주가는 꾸준히 상승했으니, 실제로는 주식이 훨씬 나았을지도 모르겠다. 하지만 헉 소리 나게 높은 주택담보대출을 계속 내려니 심리적 부담이 더 컸다.

우리 부부에게 경제적 자유란 조기 은퇴가 아니었다. 우리는 세 살 이하의 아이 셋을 키우는 30대 부부였다. 일을 그만둔다는 생각은 현실적이지 않은 어리석은 생각이었다.

우리에게 경제적 자유란, 내 집을 사서 앞으로 어디서 살지에 대한 고민을 없애는 일이었다. 그렇게 되면 갑자기 직장을 잃더라도 집을 잃을 걱정은 하지 않아도 될 테니 말이다. 다른 일을 하고 싶을 때도 더 적게 벌면서 충분히 생활할 수 있을 것이다.

가장 중요한 것은 돈이 이끄는 대로 끌려다니지 않고, 우리 스스로 돈을 통제하고 싶다는 것이었다. 주택담보대출을 갚는다는 것은 그런 점에서 중요했다. 감당하기에 벅차긴 했지만, 장기적으로 이룰 수 있는 목표였고, 우리 둘이서 어떻게든 해볼 만했다. 뜻밖에 재미있는 일로 바뀔지도 몰랐다.

2004년 주택담보대출의 남은 금액은 13만 달러였다. 꾸준히 갚아서 12만 5,000달러까지 줄였지만 갚을 금액이 여전히 너무 많았다. 목표에 다시 집중하며 남은 대출금을 신나게 갚을 수 있는 무언가가 필요했다.

우리는 항상 가족 여행을 다녔다. 2001년 초반 한 살짜리 딸을 데리고 처음으로 가족 여행을 갔는데, 딸이 태어나서 처음으로 8개 주를 지나는 여행길이었다.

나는 곰곰이 생각해봤다. 우리 아이들이 고등학교를 마칠 때까지 50개 주를 여행하면 재밌지 않을까? 새로운 장소를 여행하면서 새로운 시각과 열린 마음을 갖고 여행을 좋아하게 될 아이들을 생각하니, 멋진 일처럼 다가왔다. 너무 어려서 아무것도 기억하지 못하겠지만, 그래도 상관없었다. 주택담보대출과 여행 목표를 어떻게 엮었냐고?

아내가 대출금을 모두 갚으면 비행기를 타고 디즈니 월드로 가서 축하하자고 제안했다. 우리의 재정 목표 달성을 아이들의 단 한 번뿐인 어린 시절에 가는 디즈니 여행으로 축하하는 일은 해볼 만했다. 우리 계획은 두 가지에서 하나가 됐다.

빚 갚기의 고통을 추억으로 바꾼 미키 마우스 프로젝트

아내가 1,000조각짜리 미키 마우스 퍼즐을 가지고 와서 자기 생각을 이야기했다. 대출금을 갚을 때마다 퍼즐 조각을 맞추자는 것이었다. 1,000달러씩 갚으면 125회, 퍼즐 조각 수가 천 개니까 주머니 하나에 8조각을 넣는다. 원금을 갚을 때마다 8개의 조각을 다시 맞췄다. 맞춘 퍼즐 조각을 두꺼운 판에 풀로 붙인 후 다음 조각을 붙일 때까지 잘 보관했다.

이 시기에 나는 직장을 옮겼는데, 월급이 크게 변하지 않아서 미키 마우스 퍼즐을 이용한 우리 활동은 계속됐다. 대출 원금을 갚을 목돈을 모으는 데 너무 열중한 나머지 소소하고 중요하지 않은 지출은 미뤘다. 이런 노력 덕분에 2004년 말에는 대출 원금이 9만 7,000달러로 줄었고, 미키 마우스의 두 귀와 얼굴 일부가 보이기 시작했다.

2005년에 나는 다시 투자자문 회사로 직장을 옮겼다. 월급은 줄었지만, 몇 년 전 재무분석가가 되려고 할 때 마음에 둔 업무였기 때문에 아내와 나 모두 괜찮다고 생각했다. '주택담보대출 없는 삶'이라는 우리의 목표를 앞당겨주지는 않았지만 바라던 일을 하게 되었다는 점에서 적절한 균형점을 찾은 셈이었다. 다음 해 말 대출 원금이 5만 2,000달러로 줄었고, 미키 마우스의 장갑과 바지가 보였다.

해가 지날수록 원금은 줄어들었고 퍼즐 판이 눈에 띄게 채워지면서 우리 목표에 서서히 가까워졌다. 매달 우리는 퍼즐 판을 보면서 돈을 얼마나 갚았고, 퍼즐 조각은 얼마나 붙였는지 따져봤다. 아이들은 이걸 왜 하는지 묻지 않고 퍼즐 조각 맞추는 것을 좋아할 뿐이었다. 그래도 끝이 가까워지자, 아이들도 다가올 축하의 의미를 이해했다.

여행도 계속했다. 대신 큰 비용은 들이지 않았다. 우리 예산으로는 다섯 명의 항공료를 감당할 수 없어서 자동차로 여행을 다녔다. 크지 않은 자동차의 좁은 공간에 어린이용 카시트와 보조 의자 세 개를 놓고 다섯 명이 전국을 여행했다. 긴 주말 연휴에는 멀리 여행을 떠나는 대신 공원에서 친구들과 만났고, 아내와 내가 어린 시절 가족들과 함께 즐겼던 캠핑도 했다. 캠핑은 돈을 많이 쓰지 않으면서 휴가 느낌을 낼 수 있었고, 일상에서 벗어나는 느낌을 줬기 때문에 즐거웠다.

그 와중에 우리 부부에게 빼놓을 수 없는 즐거움이 하나 있었다. 매년 1월 장모님에게 아이들을 며칠 맡기고, 아내와 나 둘이서 비행기를 타고 따뜻한 곳으로 여행을 가곤 했다.

대출금을 갚는다고 다른 우선순위인 저축을 무시하지는 않았다. 직장퇴직연금은 반드시 저축했고, 아이마다 학자금 계좌도 만들어서 저축했다. 계획하지 않았어도 집수리 비용은 별도로 빼놓았다. 사람들이 필수품처럼 여기지만 사실은 과한 욕구에 불과한 물건들 없이도 우리는 살아갈 수 있었다.

2007년 말 대출 원금은 2만 7,000달러로 줄었다. 2008년에 마지막으로 빚을 갚기로 하고, 디즈니 월드 여행을 알아봤다. 그리고 마지막 잔금을 갚으면 저축을 늘리기로 했다.

2008년 10월, 디즈니 월드에서 머문 일주일 동안 우리는 할리우드 스튜디오와 동물의 왕국 등 디즈니 테마파크 네 곳을 구경했다. 이전이었다면 돈을 절약하려고 근처의 저렴한 숙소를 알아봤겠지만, 이번에는 디즈니 월드 안의 숙소에 머물면서 이동하는 시간을 아꼈다.

디즈니 식사권도 샀다. 식사를 따로 계산할 때마다 과하게 지출하는 느낌이 들어서 기분이 좋지 않았는데, 디즈니 식사권에 모든 식사가 포함되어 있어서 긴 시간 동안 이어진 고된 대출 갚기의 끝을 축하하는 우리의 여행 목적에 딱 맞았다. 아이들이 저녁으로 비싼 메뉴를 고르거나, 아이스크림을 먹고 싶다고 할 때도 원하는 대로 사주었다. 이렇게 여행하니 아이도, 어른도 행복한 여행으로 남았다.

우리가 경제적 자유로 얻은 것

여행 시기가 좋지는 않았다. 9월, 오랫동안 부글부글 끓고 있던 주택시장에 위기가 닥쳐서 시장이 폭락하고 글로벌 금융위기가 덮쳤다. 나는 3년째 같은 회사에서 일하고 있었다. 갑자기 모든 상황이 불확실해 보였다. 시장은 붕괴하고 있었고, 끝이 보이지 않았다. 내 일자리는 안전할까? 아무도 우리 집을 빼앗지 않을 테니 그나마 다행이었다.

11월에 마지막 잔금을 치렀다. 집을 사기 위해 대출을 받은 지 11년 만이었다. 그리고 아이들에게 마지막 퍼즐 조각인 미키 마우스 금색 신발 조각을 맞추게 했다.

갚아야 할 대출금이 없어졌지만, 즉각 달라진 건 없었다. 대신 우리가 추구했던 경제적 자유는 절묘한 방식으로 찾아왔다. 아이들이 더 자랐기 때문에 오래된 차를 더 큰 새 차로 바꾸면서 남은 현금을 썼다. 아이들 나이 차이가 별로 나지 않아서, 최소 2년은 아이 셋이 동시에 대학에 다닐 것을 계산해 아이들 대학 학비를 위한 저축 금액도 늘렸다. 물론 여행도 계속했다.

몇 년 전에 아내는 힘들어하던 일을 그만뒀다. 늦은 봄 첫째는 고등학교를 졸업하고 나머지 두 아이가 중학교에 입학했다. 아내는 여름에 휴가를 얻어 아이들과 같이 지냈다. 우리는 49번째 주 여행을 위해 돈을 모으고 있었고, 첫째의 대학 등록금을 낼 준비도 돼 있었다.

50개 주를 여행하는 목표를 달성한 해에, 아내는 비영리 단체에 괜찮은 일자리를 알아봤다. 소득은 줄었지만, 주택담보대출을 모두 갚은 덕분에 할 수 있는 선택이었다.

대출금을 일찍 갚은 것이 최고의 결정은 아니었을 수도 있다. 완성된 미키 마우스 퍼즐은 지금도 벽장 안에 모셔져 있다. 그 퍼즐은 우리 부부와 아이들에게 큰 목표를 세워도 아주 조금씩 다가가면 목표에 이룰 수 있다는 교훈을 준다.

디즈니 월드로 가는 축하 여행은 어땠냐고?

50개 주 여행을 추억하듯이, 우리 가족은 식탁에 둘러앉아 그 여행에서 있었던 소중한 기억과 이야기를 여전히 함께 나눈다.

돈의 태도 세 가지

- 주택담보대출과 같은 큰 빚을 갚고 나면 소득이 높은 직업에 집착하지 않아도 경제적 자유를 누릴 수 있다. 또, 닥쳐오는 금융위기도 헤쳐 나가기 쉬워진다.
- 온 가족이 한 가지 재정 목표에 집중하면서 재밌게 임하고 싶다면, 그 과정을 즐겨야 한다.
- 수년, 때로는 수십 년이 걸리는 재정 목표를 달성했다면 마땅히 축하할 일이다.

Story 15

부자가 되려면 돼지저금통부터 채워라

카일 맥클린토시 Kyle McIntosh

꾸준한 저축으로 평생 원하던 일을 하게 된 사람. MBA를 받은 회계사로 대기업에서 23년간 일하다가 교직으로 경력을 바꿨다. 현재는 캘리포니아 루터란 대학 경영학부 전임강사로 일하며 아내와 두 아이, 다정한 반려견과 살고 있다.

1981년 크리스마스에 나는 할아버지의 은퇴자 모임에 따라갔다. 축하 파티가 끝나갈 때쯤 '스타워즈' 액션 피규어나 '지.아이.조G.I.Joe' 장난감 대신 돼지저금통을 선물로 받았다. 할아버지는 그날 내 어두운 표정을 보고도 저축 이야기를 멈추지 않았다. 그리고 어린 시절 할아버지와 할머니는 내게 돼지저금통을 두 개나 더 주셨다. 외할아버지와 외할머니 역시 같은 선물을 주셔서 12살이 됐을 때는 돼지저금통으로 함대 하나를 이룰 수 있을 정도였다. 그때 나는 그 선물들에 전혀 감사하지 않았지만, 선물이 주는 메시지는 내 삶 속에 깊이 스며들었다.

저축은 중요하다. 할아버지, 할머니는 내가 유능한 저축인이 될 수 있도록 도와주셨다. 할아버지는 직접 내 저축용 계좌를 만들어 주셨고, 가끔 함께 창구로 가서 내 통장을 정리하기도 하셨다. 통장 잔액을 정리할 때 프린터가 내는 달가닥거리는 소리가 몹시 듣기 좋았다. 특히 1980년대 이자율이 적용된 숫자가 내게는 상당히 크게 느껴졌다. 이자가 포함된 잔액에 새 이자가 더해져서 바로 복리의 효과를 확인할 수 있었다.

나는 외할아버지 덕분에 주식 투자에 흥미를 갖게 됐다. 외할아버지는 주식 고수였다. 서재에서 주식을 연구하는 모습을 자주 볼 수 있었다. 애플 II 컴퓨터 스크린에 가득 차 있던 그래프와 주식 차트도 기억한다.

그리고 아버지의 재혼으로 내게는 외할아버지가 한 분 더 계셨는데, 그 분은 어느 휴일에 부자가 되는 방법에 관한 긴 연설을 하셨다. 외할아버지의 말씀을 모두 기억할 수는 없지만, 한 문장만은 확실히 내게 와닿았다.

"부자가 되고 싶거든, 정액분할투자를 해라."

몇 년 후, 1990년대 중반에 〈월스트리트저널〉에 실린 투자 관련 기사를 읽기 시작했을 때, 그 기사에서 '정액분할투자'라는 단어를 수도 없이 봤다. 비디오 게임을 하다가 들은 연설 덕분에 나는 20대 초반부터 "설정한 후에는 잊어버려라Set it and forget it"라는 투자 방식을 따르게 되었다.

저축 습관을 들인 후 해야 할 것

저축을 습관화했으니 이제 소득을 올려야 할 때였다. 나는 레모네이드도 팔고, 세차도 하고, 여러 희한한 일들에 잠깐씩 손을 대며 푼돈을 벌었다. 특히 11세부터 13세까지 일주일 동안 신문 60부를 배달했던 경험은 돈과 관련한 어떤 일보다 좋은 결과를 가져왔다.

나는 처음으로 저축 계좌를 두둑이 채울 만큼 돈을 많이 벌었다. 더 중요한 것은 그 일을 하면서 배운 직업 윤리와 사업 감각을 평생 간직하게 되었다는 것이다.

배달 구역마다 신문이 일 분이라도 늦으면 투덜대는 고객이 한 명씩은 있었다. 주말에는 일이 더 힘들었는데, 새벽 5시 30분에 사무소에 신문과 광고 전단이 도착하면 아침 7시 30분까지 배달을 끝내야 했다. 우리는 신문 배달 소년으로서 온전히 손익에 대한 책임을 지며, 자기 사업을 운영하는 셈이었다.

매달 청구서를 받았는데, 내가 배달한 신문뿐 아니라 자전거에 실은 캔버스 종이 가방과 심지어 고무줄 비용까지 포함돼 있었다. 모든 광고 전단 비용을 제외하면 매달 신문과 신문 배달에 필요한 고무줄 등의 비용으로 내야 하는 금액은 약 200달러였다. 그러니 각 고객에게 월 5.5달러씩 수금해야 했다. 고객에게 100퍼센트를 전부 수금하고 팁까지 받으면 약 150달러를 번다.

중학교 때는 신문 배달 말고 다른 부업을 찾았는데, 내가 제일 좋아하는 부업 때문에 교장실로 불려갈 뻔한 적도 있다.

7학년이 되고 약 6주 동안 학교 사물함 앞에서 콜라를 팔아 저축금을 쏠쏠하게 벌었다. 처음에는 6개를 팔다가, 다음에는 12개, 마침내 매일 24개짜리를 팔아 돈을 벌었다. 당시 24개짜리 콜라 한 상자가 약 6달러였으니 개당 25센트를 지불한 셈이다. 그날 하루 종일 나는 내 사물함 앞에서 50센트에 콜라를 팔았다. 콜라는 매일 품절이었지만, 안타깝게도 물리 선생님은 내 사업을 좋아하지 않았다. 선생님에게 몇 번 경고를 받은 후에도 콜라를 치우지 않았지만, 어느 순간 이제는 그만할 때라고 생각했다. 나는 콜라 사업으로 100달러 이상의 이익을 남기고 그 부업을 끝냈다.

이런 일들을 통해서 저축한 돈이 수천 달러로 불어났다. 지출은 정말 조심스럽게 했으며, 한 번에 5달러 이하만 인출했다. 그 돈을 벌려고 얼마나 열심히 일했는지 겪어봤기 때문이다.

직장 생활은 단거리 달리기가 아니다

첫 번째 직장은 아서 앤더슨이었다. 입사한 첫해에 받았던 연봉은 3만 4,100달러로, 샌프란시스코 물가를 생각하면 많지 않은 금액이다. 그래도 이후 20년 동안 직장퇴직연금에 최대로 저축했다. 또한, 외할아버지의 정액분할투자 조언을 마음에 간직하고 있던 나는 주식형 인덱스 펀드에 돈을 넣어놓고 주식시장의 변동에도 아랑곳하지 않았다. 증권 계좌도 만들어서 슈왑 1000 인덱스 펀드 Schwab 1000 Index Fund에 1,000달러를 투자했고, 월급 외 수익으로 100달러가 생길 때마다 투자했다.

초반에는 2001년에 파산 신청을 한 기업에 500달러를 투자하는 등 끔찍한 투자 실수도 했다. 이런 경험 때문에 더더욱 인덱스 펀드를 고집했다. 그리고 직장 생활 초반에는 인출할 때 비과세인 로스 개인퇴직연금 계좌도 개설했다.

첫 직장에서 회계 업무를 없애자 나는 다른 직장으로 이직했다. 나중에 금융 소프트웨어 회사에 인수된 작은 상장회사에서 일하면서 급여를 올렸고, 보너스와 스톡옵션 등을 받을 수 있는 자격도 갖췄다. 그때 아내와 나는 딩크족이었기 때문에 저축을 많이 할 수 있었고 학자금 대출도 모두 갚았다. 그래서 예금 계좌에서 투자 계좌로 정기 자동이체를 설정해서, 2주에 한 번꼴로 S&P500 인덱스 펀드에 투자했다. 머릿속에 돈에 관한 자세한 이정표를 세우지는 않았지만, 우리의 증권 계좌는 이 시기에 10만 달러 가까이 쌓였다. 우리에겐 엄청난 일이었다.

다만, 두 번째 직장은 보수는 좋았지만 일이 너무 많았다. 나는 매일 아침 벤티 사이즈 스타벅스 커피 한 잔을 들고 사무실에 도착해서 오후 6시가 넘어야 퇴근했고, 주말에도 대부분 출근해 몇 시간씩 일했다. 2년 동안 몰아치듯 일하고 나니, 내가 불행한데 돈을 버는 것이 무슨 소용인가 싶었다. 나는 월급은 적지만 일에 대한 부담이 적고 인생은 더 즐길 수 있는 일을 찾겠다고 마음먹었다.

어느 날 몇 년간 알고 지낸 채용 담당자에게 전화가 와서 "'파타고니아Patagonia'에서 당신 같은 사람을 찾고 있는데, 관심 있나?" 라고 물었다. 나는 다음 4년 동안 그 아웃도어 의류 회사에서 일했다. 월급은 줄었지만 출근은 즐거웠고, 평일 저녁 시간과 주말에 제대로 쉴 수 있었다. 일이 규칙적으로 끝났기 때문에 경영대학원에서 MBA도 마치고, 저축도 계속할 수 있었다. 우리가 살고 있는 집을 산 것도 이때였다.

조금 큰 집을 산 것은 잘한 일이었다. 여러 번 이사해야 할 비용을 상당히 절약했다. 2004년 11월, 우리는 그 집을 사면서 15년 고정금리로 주택담보대출을 받았다. 갚아야 할 금액이 늘었지만 높아진 연봉 덕분에 감당할 수 있었다. 그리고 이자율이 떨어질 때마다 다른 대출로 갈아타서 15년 고정금리대출을 유지하고 있다. 그래도 처음 대출받을 때 설정한 월 상환 금액은 그대로 납입했다.

이렇게 적극적으로 추가 원금을 갚으니 12년 만에 대출금을 모두 갚았다. 이론상으로는 대출금을 천천히 갚으면서 생기는 차액으로 주식형 인덱스 펀드에 투자하는 편이 경제적으로 나았을 것이다. 하지만 집을 사기 위해 진 빚을 다 갚으니 마음이 편했고, 직장을 옮길 때도 훨씬 유연하게 대처할 수 있었다.

두 번째 직장에 있을 때, 비정상적으로 오랜 시간 일하는 나를 보고 한 친구가 "직장 생활은 단거리 달리기가 아니라 마라톤이라고 생각하라"라고 한 적이 있다. 네 번째 직장으로 일자리를 옮긴 다음에야 친구의 조언을 따랐는데, 그 덕분에 나는 팀 하나를 이끄는 관리자로 승진했다. 나는 전 세계 여섯 개 지역의 직원 50명을 감독하는 일을 하느라 아침 일찍부터 일을 시작하고 저녁에 일을 마쳤다. 잦은 출장과 이른 업무 시간 때문에 진이 빠질 때도 있지만 덕분에 새로운 분야에 도전할 수 있었고, 한 회사에 오래 다니면서 재정적 혜택도 얻었다.

월급이 올라가면서 퇴직연금 계좌도 두둑해졌고, 매년 회사가 직원에게 보상으로 주는 양도제한 조건부 주식Restricted Stock Units도

받았다. 나는 이것들을 바탕으로 45세에 전혀 다른 직업으로 방향을 바꿀 수 있었다.

수십 년간 한 저축이 준 선물

23년간 회사에서 일한 후 2020년에 교사로서 제2의 경력을 시작했다. 나는 캘리포니아 루터란 대학에서 전임강사로 2년째 일하고 있다. 회사에서 내가 맡은 역할을 즐기면서 일했지만, 오래전부터 나는 누군가를 가르치는 일을 하고 싶었다. 어떤 동료와 친구들은 팬데믹을 거치면서 생긴 변화 때문에 충동적으로 한 결정이라고 했지만, 사실 여기 오기까지 몇 년이 걸렸다. 경제적인 면에서도 변화를 준비하려고 수십 년을 분투하며 저축에 힘썼다. 물론, 돈보다 더 중요한 것은 아내의 지지였다.

네 번째 직장에서 일하고 있을 때 이제 내가 가르치는 일을 향해 발걸음을 뗄 시기라고 생각했고, 시험 삼아 두 개 대학에서 야간수업을 가르쳤다. 학생들을 지도하고 상담하면서 보람을 느낄 수 있었고, 오랜 시간 마음속에 담고 있던 교사 일에 대한 열망도 채워졌다.

주요 경력을 바꾸고 싶을 때, 언제가 좋을지 고민할 필요 없다. 완벽한 타이밍이란 없기 때문이다. 월급이 낮은 직장으로 옮긴다면 특히 그렇다. 교사가 되기로 마음을 정하고 나서 내가 한 일은 직장에서 제공하는 제도를 활용해 가능한 한 많은 돈을 적립하는 것이었고, 2021년에 그 돈을 인출해서 전 직장과 현 직장 사이에 생긴 월급 차이를 해결할 수 있었다.

여전히 나는 월급이 많은 회사에 남아야 하는 이유가 무수히 떠오를 때가 있지만, 내게는 이미 멋진 계획이 있었고 돈도 모아두었다. 그러니 과감히 내 열망을 따를 필요가 있었다.

솔직히 정액분할투자 덕분에 내가 부자가 됐는지는 모르겠다. '부자'를 어떻게 정의 내려야 할지 모르겠지만, 이것만은 확실하다. 저축에 관한 어린 시절의 교훈을 새기며 수십 년간 천천히, 꾸준히 투자하다 보니 두 번째 직업에 도전할 수 있게 됐다.

돈의 태도 세 가지

- 이 교훈을 기억하라. "부자가 되고 싶다면 정액분할투자를 해라."
- 일찍부터 저축하고, 소득이 높아질수록 저축률도 높여라. 모든 것을 능가하는 돈에 관한 진리는 성실하게 저축하는 것이다.
- 높은 연봉을 기대하며 직장을 옮기고 싶겠지만, 한 회사에서 오래 일하면 전문적으로나 경제적으로 더 큰 가치를 얻을 수 있다.

Story 16

'돈 감시자'에서 벗어나는 법

그레고 스피어스 Greg Spears

평생 동안 돈 걱정에 시달리다 마침내 자유로워진 사람. '험블달러'의 부편집장이자, 세인트 조지프 대학에서 겸임교수로 행동경제학을 가르친다. 일찍부터 미국 미디어 회사 <나이트-리더> 워싱턴 지부, 잡지 <키플링거 개인 자산관리>에서 기자로 일했다. 언론계를 떠난 후에는 뱅가드의 직장퇴직연금 팀에서 23년간 일했다. 공인재무설계사 자격증도 갖췄다.

내가 '돈 감시자'가 된 이유

나는 돈에 관한 어릴 적 경험이 평생 동안 영향을 미친다고 믿는다. 아버지는 미국 성공회 사제였다. 1956년 내가 태어났을 때, 우리 가족은 맨해튼 할렘의 커다란 묘지 안쪽에 돌로 지은 큰 사제관에서 살았다. 아버지는 돈 이야기를 입 밖에 꺼내지 않았는데, 알고 보니 평생 경제적으로 안정된 기반이 있었다. 어머니는 정반대였다. 항상 바닥으로 떨어질 수도 있다고 걱정했고, 그런 걱정에는 그럴듯한 이유도 있었다.

어머니는 운전기사, 하녀, 그리고 어머니를 키워준 유모도 있는 부유한 집안에서 태어났다. 변호사였던 할아버지는 F. 스콧 피츠제럴드의 소설《위대한 개츠비》의 주인공 개츠비 같은 인물이었는데, 1926년 플로리다 부동산 개발 붐 때 처음으로 거금을 잃은 후 국제 개별보험업자협회 뉴욕 대표 일자리도 잃었다. 대공황 시대에 자살한 비극적인 인물 중 한 명이 바로 우리 할아버지였다. 그때 내 어머니는 두 살이었다.

어머니에게 영향을 미친 사건이 하나 더 있었다. 어머니는 대학을 졸업한 후 1943년에 미국 적십자사에 들어갔다. 그곳에서 대공습으로 돌아오지 못한 병사들을 보면서 인생이란 놀랄 만큼 깨지기 쉽고, 한순간에 폐허가 될 수 있다는 것을 일찍부터 배웠다. 이런 위험에 맞서는 방법은 '저축이라는 방어벽'을 쌓는 것뿐이었다. 어머니는 그 교훈을 내게 물려주었다.

어머니는 내가 태어난 지 얼마 안 됐을 때 내 이름으로 된 통장을 개설해주셨고, 내가 조금 자란 후에는 나를 직접 데리고 가서 5달러 정도의 적은 금액을 저축하는 모습을 보여주고 저축의 중요성을 깨닫게 했다. 오래된 통장 기록을 보니 그 통장은 1968년까지 366.54달러로 늘어나 있었다.

다섯 살 즈음에 아버지가 다른 교구의 사제가 돼서 다른 지역으로 이사 갔다. 나는 그 지역 사립학교 장학생이었는데, 부유한 교구 신자가 내 수업료를 대신 내준 덕분이었다. 학교 친구들은 해변에 집도 있고 모두가 최신 장난감을 가지고 있었다. 반면, 어머니가 중고 가게에서 사준 옷을 입고 다녔던 나는 쥐처럼 가난하다는 말이 딱 들어맞는 모습이었다.

사실 그 말은 전혀 사실이 아니었다. 우리는 막대한 부자들에 둘러싸인 견고한 중산층이었다. 내 친구 칩은 뉴욕에 본사를 둔 다국적 제약 회사 브리스톨 마이어스Bristol Myers를 창립한 가문 출신이었고, 또 다른 친구의 아버지는 석유 사업으로 많은 재산을 모은 역대 세계 최고 부자로 손꼽히는 록펠러Rockefeller 가문의 수석 투자

담당 고문 J. 리처드슨 딜워스J. Richardson Dilworth였다. 친구들의 부와 비교하다 보니 내 삶은 가난으로 더욱 얼룩져버렸고, 나는 평생 '돈 감시자'가 되어버렸다. '돈 감시자'란 재정 문제에 민감하게 반응하고 신경을 곤두세우며 걱정하는 사람을 말한다.

저축이 주는 진짜 선물

좋든 나쁘든 우리 운명은 완전히 우리 손에 달렸으니 열심히 일하고 많이 저축해야 했다. 나는 아버지의 종교적인 신앙을 돈에 대한 신앙으로 바꿔치기한 사람 같았다. 하고 싶은 일이 생기면 저축부터 했다. '행운'이나 '횡재' 같은 말은 믿지 않았다.

저축에서 얻는 기쁨은 영원한 것이었다. 많이 벌지는 못해도 나는 늘 저축했다. 대학 시절에는 어느 여름에 뉴욕에서 일하며 한 주에 130달러를 벌었다. 생활비를 줄이려고 수리를 맡은 호텔 다락방에서 몸을 웅크리고 잤고, 나중에는 일주일에 40달러를 내고 방 하나를 빌려 전기풍로에 음식을 해 먹었다. 누아르 영화에나 나올 법한 생활이었지만 궁핍하다는 생각은 들지 않았다. 나는 경험이 풍부했다.

나는 구두쇠가 아니라 절약가였다. 내가 가치를 두는 것, 여행과 고가구, 마크 트웨인 작품의 초판, 크고 오래된 집에는 기쁘게 돈을 쓴다. 그것들을 누리기 위해 최신형 자동차, 포도주와 단짝인 음식,

비행기 좌석 업그레이드 없이도 살 수 있고, 커피를 사 마시거나 외식 등의 지출은 하지 않는다.

또한, 지출할 때 좋은 거래를 했다는 느낌을 받고 싶다. 9·11 이후로 비행기를 꺼리는 사람들이 많아졌기 때문에, 2002년에 나는 아내와 두 아이와 함께 유럽 여행을 시작했다. 매년 한 번씩 로마와 이스탄불, 암스테르담, 파리로 아이들을 데리고 갔다. 우리는 성수기보다 가격이 훨씬 저렴한 가을에 외투를 잘 챙겨서 여행을 떠난다. 우리 가족은 집수리도 스스로 했기 때문에 잔디를 깎거나 낙엽 치우는 일도 항상 내가 했다. 그런 일들을 할 때마다 다음 유럽 여행을 가기 위해 저축을 하는 것이라고 혼자 중얼거리곤 한다.

'돈 감시자'에서 벗어나기 위해서

주식 투자를 시작한 것은 행운이었다. 신문사에서 일할 때, 편집장이 1920년대 스페인-부흥 건축 양식으로 지은 건물의 복원 사업에 관한 글을 써오라고 했다. 기사를 쓰기 위해 조사하던 과정에서 우연히 성장형 펀드에 관한 광고를 보게 됐는데, 광고에는 "개시 이래 1만 달러 성장"이라고 적혀 있었다. 기사를 마무리한 후 곧장 그곳으로 가서 개인퇴직연금 계좌를 만들고 당시 내 두 달 월급에 해당하는 2,000달러를 투자했다.

1985년에는 〈나이트-리더〉 워싱턴 지부로 일자리를 옮겼다. 거기서 나는 사회보장연금과 노인의료보험제도 관련 뉴스를 담당했다. 급여도 올라서 매주 576달러를 받았고, 직장퇴직연금도 시작했다.

퇴직연금으로 폐쇄형 윈저 펀드Closed Windsor Fund에도 투자했다. 이 펀드를 관리했던 존 네프John Neff는 20세기 최고의 가치투자자 중 한 명이었다. 나는 십 년간 직장퇴직연금 계좌를 활용해서 윈저 주식을 매수했다.

1987년 10월 19일, 다우존스 산업 평균지수가 하루 만에 최대로 떨어졌을 때는 실수도 저질렀다. 그날 전화선을 노려보던 것과 워싱턴 지부 전체가 꽁꽁 얼어붙었던 기억이 난다. 뉴욕에서 중요한 일이 일어나고 있었지만, 우리에게는 아무 실마리도 없었다. 며칠 후 내 소유의 주식을 모두 헐값에 매도했다. 그리고 그 돈을 다른 펀드에 투자했다. 내 옆의 남자는 주식을 매수하고 있었는데, 나는 그가 실수하고 있다고 생각했다. 하지만 바보는 나였다. 주식시장은 연말까지 손실 대부분을 회복했다.

운 좋게도, 나는 또 누군가의 조언으로 관리가 잘되고 있는 뮤추얼 펀드에 계속해서 투자할 수 있게 됐다. 1989년, 아이가 태어난 달부터 학자금 계좌에 저축도 시작했다. 처음에는 그 돈을 은행에 저축했다. 그러다 한 친구의 조언을 듣고 재무설계사를 만나 투자 방법에 관한 이야기를 들었다.

그는 친절하면서도 설득력 있게 주식 및 채권 매수의 권위자인 프랑스 투자자 장 마리 에베이야르Jean-Marie Eveillard가 운영하고 저평가된 한 펀드에 투자하라고 권했다. 재앙에 대비해 펀드 자산의 약 10퍼센트를 금으로 보유하라는 얘기도 했다. 에베이야르의 운용보수가 매우 높았지만, 수익률이 시장 수익을 능가해서 다행이었다. 나는 그 펀드를 내 아이가 대학에 입학하기 전까지 가지고 있었다.

회사 주식에 투자하는 과정에서 다시 '돈 감시자'로 돌아갈 뻔한 적도 있다. 투자를 하고 받은 회사 연차보고서에는 신문 판매 부수 감소 수치와 광고 수익 감소 수치가 나와 있었다. 적나라한 숫자를 본 나는 회사의 재정 상태가 걱정됐다. 나는 회사의 재정 상태도 사람의 건강 상태처럼 오르락내리락한다고 생각했다. 결국, 경쟁 신문사가 우리 회사를 인수했지만 부서지는 배를 잡은 셈이었다. 인수한 회사도 파산 상태가 되어 기자 수천 명이 자리를 잃었고 연금 제도는 10억 달러 자금 부족으로 연방정부가 인수했다.

나는 1994년 후반에 퇴직해 이 엄청난 재앙을 비껴갔다. 고마운 한 친구의 권유로 잡지사 〈키플링거 개인 자산관리〉에서 뮤추얼 펀드를 담당하는 부편집자로 일할 수 있었다. 가장 어려웠던 일은 독자들에게 추천할 만큼 가치 있는 투자 종목을 찾는 일이었다. 나는 금융 교육을 받은 적도 없고 시장 예측 능력도 없었다. 또한, 자신의 투자 접근법을 상당히 설득력 있게 설명하던 펀드 관리자들의 실적이 엉망이었다는 점도 당황스러웠다.

어느 날 인덱스 펀드의 창시자 존 보글John Bogle의 《뮤추얼 펀드의 보글》을 읽다가 깨달음이 왔다.

나는 존 보글을 인터뷰하려고 본사까지 갔다. 보글은 위풍당당했다. 구약성경의 예언자처럼 위엄 있는 목소리로 많은 데이터를 근거로 제시하며 이야기했다. 보글은 자신의 증거들을 '간단한 산수의 잔인한 법칙'이라고 불렀다. 나는 인터뷰를 마친 후에 인덱스 펀드가 투자 종목을 선택하는 어려움을 크게 해결해준다고 확신하며 돌아왔다.

보글이 절약의 대가라는 점 역시 나를 사로잡았다. 나는 '저비용 S&P500 인덱스 펀드에 투자하는 것은 100미터 단거리 달리기에서 10미터 앞에 나와 뛰는 것과 같다'라는 내용의 기사를 썼다.

머지않아 뱅가드에서 입사 면접 제안을 받았다. 당시 뱅가드에서는 직장퇴직연금제도를 긍정적으로 보는 편집자가 필요했다. 마침 언론 일을 더는 견딜 수 없는 때여서, 큰 폭의 급여 인상과 함께 뱅가드의 제안을 받아들여 1996년 12월에 출근했다.

아이들 학교 문제로 처음 석 달은 혼자 임대아파트에서 살았다. 교육 환경이 좋은 새집을 찾던 나는 두꺼운 책자에서 분위기가 매력적인 낡은 농가를 발견했는데, 다음 날 집을 세놓으면 주택담보대출을 갚기 수월할 거라고 말하며 아내를 설득했다. 그리고 집주인에게 저가 매수를 제안했다. 임대 수입으로 주택담보대출 절반을 감당할 수 있어서 매달 갚아야 할 돈은 이전에 살던 집과 같은 금액이 되었다.

그리고 나는 새 직장에서도 열심히 일해 일 년이 채 되기 전에 투자와 은퇴, 보험, 세금, 부동산 계획 같은 주제를 깊이 있게 다루는 투자자 교육 시리즈를 출판했다.

책에 공인재무설계사들의 의견이 대부분 반영되어서 내가 공인 재무설계사가 되면 내용 검증도 스스로 할 수 있겠다는 생각이 들었다. 회사에서 교육비 5,000달러를 지원해주었고, 나는 회사 업무 시간 전이나 주말, 심지어 유소년 야구대회 관중석에서도 공부했다. '돈 감시자'가 된 이상, 금융에 관해 전부 알고 싶었다. 독학으로 공부한 탓에 시간이 걸렸지만, 2005년에 공인재무설계사 시험에 합격했다.

뱅가드는 다른 투자 회사보다 급여가 적었지만, 신문기자가 받는 급여보다는 훨씬 많았다. 덕분에 직장퇴직연금에도 최대로 저축하고 학자금 계좌에도 매년 1만 달러씩 저축할 수 있었다.

아이들이 대학에 들어가자 우리는 가진 자산을 모두 아들과 딸이 8년간 내야 할 등록금으로 썼는데, 대학을 마칠 무렵에 등록금이 연 6만 5,000달러로 껑충 뛰어서 학자금 계좌 두 개에서 돈을 몽땅 인출하고도 월 소득에서 1,000달러씩 더 떼서 보태야 했다. 아내는 보석까지 팔아서 학비에 보탰다.

아이 둘이 대학을 졸업한 후에야 저축할 여윳돈이 생겼다. 우리는 매년 5만 달러 이상 저축했다. 내 나이 64세에 은퇴해도 충분한 금액이었다.

나는 부자가 되거나 호화로운 생활을 하고 싶다고 생각한 적이 없다. 속도가 빠른 배를 타고 질주하는 대신 느리게 가는 카약을 타고 천천히 삶을 즐기고 싶었다. 우선시하는 일은 가족을 돌보는 일이었고, 아내와 내가 돈 걱정을 하지 않아도 되는 상태를 원했다.

'돈 감시자'로서 살아온 시간이 지나갔으니 편안하게 모든 걱정을 내려놔도 될 것 같다. 하지만 오랜 습관은 절대 하루아침에 사라지지 않는다. 아버지가 옳았다. 아버지는 일해서 번 돈보다 성직자 연금으로 훨씬 많은 돈을 받았다. 그리고 할렘에서 살던 시절 아버지는 그 많은 장례식을 주관하면서, 통장 잔고가 얼마든 땅 위에서 사는 하루하루가 선물이라는 사실을 알고 있었던 것 같다.

돈의 태도 세 가지

- 시장에서 우위를 차지할 수 있는 기술을 배우고, 교육비는 회사의 지원을 받아라.
- 월급 외 수익을 얻을 방법이 없다면, 월급의 최소 10퍼센트를 은퇴 자금으로 저축하라. 15퍼센트면 더 좋다.
- 진심으로 경제적 자유를 얻고 싶다면 다음 기본 규칙을 기억하라. 저축금이 많아지면 혜택이 줄줄이 따라온다. 중고차를 현금으로 구매하면 수년간 발생할 재무 부담을 피할 수 있다. 집을 살 때 계약금을 많이 내면 주택담보대출의 월 상환금이 줄어든다. 생활비 지출을 줄이면 더 많이 저축할 수 있다.

돈의 태도 4

돌아갈 때 의외로 길이 보인다

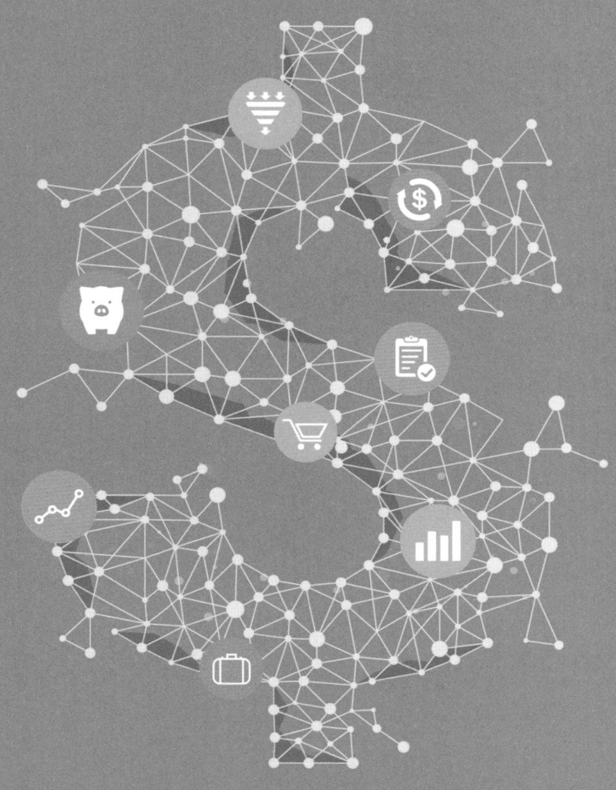

우리는 때로 곧은 길에서 옆길로 빠지기도 한다. 이런 혼란은 단기적으로는 재정에 좋지 않은 영향을 미치며 행복을 막을 수도 있다. 하지만 그런 변화 때문에 오히려 자기 자신뿐 아니라 자신이 깊이 마음 쓰는 일이 무엇인지 더 잘 이해할 수 있으며, 돈 문제를 바로잡아 더 행복하고 충만한 삶을 살 수도 있다.

Story 17

기회를 잡으려면 준비가 돼 있어야 한다

제임스 커 James Kerr

자신과 시장을 믿어 경제적 자유를 얻고 제2의 인생을 살고 있는 사람. 포춘 선정 500개 기업에 속한 수많은 회사에서 글로벌 커뮤니케이션, 홍보, 소셜 미디어 분야를 주도하다가, 회사를 떠난 후 글쓰기와 스토리텔링에서 자신의 열정을 찾았다. 2022년 초《집으로 오는 긴 여정》을 출판하며 결실을 맺었다.

2009년 1월, 나를 둘러싼 세계가 산산조각이 났다. 전처와 내가 이혼한 지 1년 반이 지나서 투자 자산을 나누기 시작할 때였는데, 시기가 최악이었다. 세계 금융 시스템이 붕괴하자 주식시장도 폭락했다. 매일 주식시장이 1~2퍼센트씩 떨어졌다. 그 상황이 얼마나 계속될지 끝이 보이지 않는 나날이었다. 우리는 주식시장이 회복된 후 다시 합의하기로 했다. 넉 달 후 우리 계좌 수익률은 30퍼센트 이하로 떨어졌는데, 전처에게는 수익의 퍼센트 비율이 아니라 정해진 달러를 주기로 했기 때문에 시장 손실액 전체가 고스란히 내 몫이 될 예정이었다.

20년 이상 나는 경제적 안정과 자유를 위한 각본을 그대로 따랐다. 직장퇴직연금 계좌에 최대한 저축해 내가 적립한 금액과 같은 금액을 적립해주는 회사의 매칭 제도 혜택을 최대한 이용했다. 그리고 아이들을 위해 학자금 계좌에도 저축하고, 소득보다 적게 쓰며, 매달 여윳돈이 생기면 인덱스 펀드에 투자했다. 이토록 성실하게 저축하고 투자했지만, 내 포트폴리오는 겨우 십만 달러를 유지하고 있었다.

내가 투자 홍보 책임자로 일하고 있는 회사도 재정 기반을 잃고 흔들리고 있었다. 회사 주가는 1달러 아래로 곤두박질쳤고, 파산 선언을 할지도 모른다는 소문이 돌았다. 구직 시장도 좋지 않을 때였으며, 이혼 수당과 아이들 양육비로 매달 수천 달러를 지불해야 할 곤란한 처지였다.

마흔아홉 살, 나는 인생에서 그즈음 서 있어야 하는 경제적 위치와는 동떨어져 있었다. 사실상 새로 시작해야 했지만, 너무 두려웠다.

상황이 나아지기를 간절히 바라면

대부분의 경우처럼 나는 안전 추구형 인간이다. 위험을 감수하기 싫어하고 기반이 탄탄하기를 원해서, 2021년에 회사를 떠나기 전까지 대기업에서만 일했다. 또한, 확실한 것을 좋아한다. 필요한 것은 손안에 있어야 하고, 대안이 필요하면 대안을 가지고 있어야 한다. 그래야만 밤에 잠이 온다.

그런데 개인적인 삶과 직장, 재무 영역까지 불확실한 상황과 마주하니 심하게 불안해졌다. 걱정거리들이 파리 떼처럼 내 머리 주위를 빙글빙글 돌았다.

내가 책임져야 할 재정 문제들을 해결할 수 있을까? 이 모든 상황을 극복하고 원래 내가 있던 자리로 되돌아갈 수 있을까? 나는 은퇴할 수 있을까?

당시 내가 맡은 일 중 하나는 월스트리트 분석가와 만나서 우리 회사를 위한 금융 모델을 의뢰하고, 제대로 구축되도록 협력하는 일이었다. 나는 회사의 재정 상황을 신경 쓰느라 시간을 많이 쓰고 있었다. 그래서인지 불면증에 시달리던 1월 밤, 내 머리에는 재무상태표가 돌아다녔다. 누워서 천장을 쳐다보며 인생 갈림길에 선 나의 빚과 자산을 정직하게 평가해봤다.

우선 빚으로는 적지 않은 주택담보대출이 있었고, 주택담보대출, 아이 양육비, 이혼 수당을 제외하면 다른 큰 빚은 없었다. 자동차를 가지고 있고, 신용카드 대금은 매달 말에 갚았다.

재무상태표에서 볼 때, 집의 순자산은 높은 편이었다. 다만, 부동산 거품이 빠지기 전 가격이 한창 올랐을 때 샀기 때문에 순자산이 크게 높은 편은 아니라는 점이 아쉬웠다. 또한, 내 동생과 공동명의로 작은 부동산이 있었다. 나는 그곳에 통나무 오두막집을 짓고 싶은 꿈이 있었다. 그리고 흠집이 나긴 했지만, 재산 분할 합의 후 남은 직장퇴직연금 계좌와 일반 과세 계좌가 있었다. 회사가 몇 년 전부터 지급금 규모를 줄여서 내가 받을 금액이 그렇게 많지는 않겠지만, 어쨌든 은퇴할 경우 내 연금 절반은 받게 된다.

전체적으로 계산해보니 자산이 얼마 되지 않았다. 재무분석가라면 나라는 주식에 '매수' 등급을 주지는 않을 것이다. 하지만 내게는 누구도 무시할 수 없는 다른 자산이 있었다. 나는 건강했고, 살아 있었다. 멋지고 사랑스러운 가족이 나를 지지해주었으며, 세 아들과 관계도 좋았다. 구직 시장에서 우위를 차지할 기술도 있었다.

또한, 나는 회복탄력성이 커서 힘든 일을 겪어도 금방 적응하고, 유연하게 대처할 수 있었다. 삶에서 어려운 순간들, 크고 작은 사건 사고를 숱하게 겪었지만 나는 살아남았다. 어떤 일도 이겨낼 수 있다고 믿었다.

최근에 '끌어당김의 법칙Law of attraction'에 관해 읽었다. 인간은 좋든 나쁘든 자신이 관심을 두고 있는 삶으로 이끌리며, 인간이 드러내는 상태와 경험은 자신이 하는 생각, 에너지와 일치한다는 내용이다. 우리가 행복하고 풍요로운 미래에 관한 긍정적이고 낙천적인 에너지를 발산하면, 같은 에너지를 받게 된다. 반대로 희망 없는 미래에 대한 어두운 이미지와 원치 않는 일에 대한 두려움으로 우리 마음을 채운다면, 역시 같은 에너지를 받게 된다.

나는 이 법칙이란 것이 미심쩍었다. 심리를 이용한 말장난처럼 들렸지만, 논리적으로 이해가 갔다. 나는 매일 명상과 마음챙김을 연습한 덕분에 더할 나위 없이 평화롭고 흔들리지 않으며 풍요로운 사람이 되었다.

그렇다면 끌어당김의 법칙을 한번 시도해보면 어떨까? 설마 나쁜 일이 생기겠는가?

그래서 내가 원하는 바를 구체적으로 말해보았다.

앞으로 십 년, 59세가 됐을 때 나는 행복하고, 건강하며, 평화로운 사람이 되었을 것이다.

나를 지지해주는 훌륭한 동반자가 곁에 있을 것이다. 그 사람은 머리카락이 검고, 요가를 가르치는 선생일 것이며, 내 아이들과 잘 지낼 것이다.

나는 경제적으로 안정되고 자유로울 것이다.

내 포트폴리오의 가치는 지금보다 10배로 불어날 것이다.

나는 회사에서 일찍 은퇴하고, 내가 좋아하는 글쓰기와 스토리텔링을 하며 풍족하게 살고 있을 것이다.

나는 새롭고 더 넉넉한 내 인생의 재무상태표를 상상하며 내가 바라는 하나하나를 소원 목록에 올려두었다. 그때는 세상이 너무 어두워서 실현될 것 같지 않았지만, 끌어당김의 법칙에 따르면 소원이 실제로 이루어질 것처럼 보이는지는 전혀 상관없었다. 그저 내 소원을 정하고, 그것들을 달라고 우주에 모든 권한을 넘기기만 하면 되는 것이다.

좋은 일이 일어나게 하라

끌어당김의 법칙에서 분명한 사실이 또 있다. 원하는 것을 말한 후에 다시 침대에 누워서는 안 된다. 자신이 말한 것을 향해 성큼 발을 내디뎌야 한다.

계획을 실현하는 데 아직 십 년이 남았다. 못 할 일도 아니었다. 꾸준함과 신념만 있으면 충분했다.

그때가 2009년 1월이었다. 두 달 후 주식시장이 완전히 바닥을 쳤다가 아주 서서히 심연에서 빠져나오고 있었다. 나는 시장 분위기가 좋지 않더라도 장기적으로는 상황이 바뀌기 마련이니 '그때가 투자할 적기'임을 알고 있었다. 또한, 정액분할투자의 힘을 알고 있었고, 저비용의 광범위한 종목을 보유하는 인덱스 펀드에 투자하라는 존 보글의 철학을 굳게 믿었다. 직장퇴직연금에 저축하면서 동시에 인덱스 펀드에 매달 일정 금액씩 투자하기 시작했다. 처음에는 당시 수익성이 좋고 훨씬 안전한 채권형 펀드를 선호했지만, 몇 달 후 적극적 성장기업에 치중한 주식형 펀드에 투자했다.

얼마 지나지 않아 회사의 주가도 올라서 임원이었던 나는 스톡옵션의 연 혜택을 받게 되었다. 주가가 올라가면서 스톡옵션의 가치도 올랐기 때문에 상여금을 받거나, 주식을 현금화할 때마다 그 돈을 다시 주식시장에 투자했다. 그 많은 투자금을 미국 주식시장에 고스란히 넣는 방식이 너무 공격적이란 생각도 들었지만, 시장 상황이 아주 안 좋아서 위험도 그만큼 낮았다.

나는 투자 전략을 세워놓고 한발 물러서서 내가 뿌린 씨앗이 자라는 것을 지켜봤다. 2009년 3월 9일, 침체기 이후에 시장이 어떻게 됐는지 모두가 알고 있다. 최하 666포인트였던 S&P500 지수가 이후 십 년 동안 4배 이상 뛰었다. 물론 올곧게 직선으로 움직인 게 아니라 시장의 기복을 따라 오르락내리락했지만, 나는 마음을 잘 다스리면서 투자금을 자동으로 제어해주는 오토파일럿Autopilot 시스템에 맡겼다.

인생이 늘 그렇듯 내게도 예상치 못한 일이 닥쳤다. 2013년 3기 결장암 진단을 받고 6개월 동안 항암 화학치료를 받았다. 일찍 발견해서 치료한 덕분에 지금은 암세포가 없는 상태다. 2016년 45세가 됐을 때는 28년간 일했던 일자리를 잃었다. 그래도 제법 큰 금융기술 기업에 곧바로 일자리를 찾았으니 운이 좋은 편이었다. 또한, 같은 해에 지금의 여자친구를 만났다. 물론 그녀는 검은 머리의 요가 강사로, 지금까지 함께 지내고 있다. 주식시장이 계속해서 상승해 내 투자금도 늘어나서, 뱅가드에 넣었던 투자금을 투자자문가의 관리 계좌로 옮기기로 했다. 그 훌륭한 투자자문가가 포트폴리오를 내 나이에 맞게 적절하게 분산해주었다.

소원을 정한 지 십 년이 지난 2019년, 목표 투자액을 달성한 그 해에 집을 팔고 주택담보대출을 모두 갚았다. 그리고 규모를 줄여 북쪽에 있는 내 땅에 꿈에 그리던 산속 오두막집을 지었다. 금융기술 기업에서 2년 더 일하는 동안 투자금은 더 늘어났다. 그러다가 2021년 9월, 61세에 회사에서 은퇴해 내가 오랫동안 꿈꿨던 작가의 길을 가기로 했다. 이제 내 인생의 제2막을 맞아 매 순간 사랑하는 마음으로 살고 있다.

누군가는 내가 끌어당김의 법칙으로 경제적 자유를 이룬 게 아니라고 말할지도 모르겠다. 역사상 최고이자 두 번 다시 오지 않을 주식시장 호황기에 투자한 것도, 그저 뜻밖의 행운 덕분이라고 말이다.

그렇다면 나는 이렇게 대답하고 싶다. 행운일 수도 있지만, 뜻밖의 행운은 아니라고.

나는 내가 원하는 것을 정하고 이루기 위해 노력했다. 지출을 줄이며 열심히 저축했고, 내가 신뢰하는 시장 정보에 바탕을 두고 투자 결정을 내렸다. 그리고 나와 시장을 믿었다. 2008~2009년까지 암울한 시기에 다시 투자했던 사람은 주식시장을 믿을 수밖에 없다. 최고의 투자 기회는 최고로 불확실한 시기에 있다. 방정식은 이렇다. 기회 + 소원 + 지식 + 노력 + 신념 = 행운.

확실한 것은 주식시장에 더 많은 침체기가 닥칠 거라는 사실이다. 그때가 바로 기회를 잡을 때다. 나는 준비된 상태로 기회를 기다린다.

돈의 태도 세 가지

- 경제적인 면뿐만 아니라, 다른 면에서도 이루고 싶은 목표를 세우고 최선을 다하라.
- 빠르게 부를 쌓고 싶다면 직장퇴직연금에 저축하고, 일반 과세 계좌에 매달 규칙적으로 투자하라.
- 주식 투자를 하려면 기업이 계속해서 성장하고 혁신할 것이며, 그 성공이 주가 상승에 반영된다는 믿음이 필요하다. 믿음이 후하게 보상받는 경우를 역사에서 확인할 수 있다.

Story 18

누구나 경제적 자유를 얻을 수 있다

돈 사우스워스 Don Southwort

경제적 자유를 얻기 위한 과정에서 종교적 신념과 균형을 찾은 사람. 목사이자, 자문가, 세무대리인으로 반 은퇴 상태다. 최근 공인재무설계사 자격을 얻었다. 종교적 신념과 자산 사이에 교차점을 찾으려고 노력하고 있으며 사람들에게 어디에서든 자기 소명을 따라 살 용기를 준다.

경제적 자유를 얻기 위한 과정은 일곱 살 때 시작됐다. 엄마, 여동생과 함께 샌프란시스코의 방 하나짜리 아파트에서 살고 있을 때, 아빠가 발렌타인 데이 사탕을 가지고 우리를 찾아왔다. 엄마와 아빠는 몇 달 전에 헤어져서 서로에게 고함을 치고 사탕을 던지며 싸웠다. 다음 날 동생과 내가 학교에서 돌아오니 할머니가 문 앞에서 우리를 기다리고 있었다. 엄마가 자살 시도를 해서 병원으로 실려 갔다고 했다.

병원에서 치료를 받고 돌아온 엄마는 내게 "이제 네가 이 집의 가장이니 엄마와 여동생을 돌봐야 한다"라고 말했다.

우리가 가진 돈은 많지 않았다. 하지만 너그러운 할머니 덕분에 저렴한 아파트에서 살 수 있었고, 오랫동안 나는 우리에게 돈이 많이 없다는 것을 깨닫지도 못했다.

나는 아홉 살 때 처음 일했다. 할아버지의 구두닦이 세트를 가지고 나가서 구두를 닦고 25센트를 받았다. 우리가 사는 곳에서 몇 구역 떨어지지 않은 히피가 모이는 구역에서 구두를 닦았는데, 대부분 신발도 안 신고 다녀서 사실상 거의 돈을 벌지 못했다.

진짜 일다운 일은 열두 살 때 처음 했는데, 방과 후 신문을 파는 일이었다. 하루 평균 2~3달러를 벌었고 집세로 쓰라고 엄마에게 일주일에 8달러를 건넸다. 열두 살짜리 중에 집세를 내야 하는 아이도 없었겠지만, 일주일에 2달러를 쓸 수 있는 아이도 내가 유일했다.

엄마가 내게 저축을 하라고 몇 번이나 말했지만 나는 2달러 중 25센트만 저금통에 넣었다. 그리고 모아둔 돈으로 야구 카드 몇 상자를 사거나 내가 좋아하는 뉴욕 자이언츠New York Giants나 샌프란시스코의 포티나이너스49ers 경기 관람표를 사는 데 써버렸다. 당시 어린이 표가 겨우 50센트였고, 나에게는 저축보다 야구 경기가 더 재밌었다.

돈의 태도는 어디에서 오는가?

어린 시절 돈과 관련된 이야기를 접했거나 그런 경험을 해봤다면 경제적 자유를 얻기가 쉬울 것 같다. 그래서 나는 자산관리에 관한 수업을 하거나 사람들을 가르칠 때, 어린 시절부터 가지고 있던 돈에 관한 교훈이나 소중한 가치를 생각해보라고 한다. 많은 이들이 제대로 생각해보지 않은 부분이다.

내가 아는 부자들은 끊임없이 돈 걱정을 한다. 돈을 나쁜 것으로 생각하거나 너무 많이 소유했다고 죄의식을 느끼는 사람도 있다.

사람들은 보통 자라면서 돈에 대한 이런 태도를 배운다. 어린 시절 경험에 반기를 들고 부모님과 정반대의 재정적 결정을 내리는 사람들도 있다.

엄마는 항상 돈 걱정을 했다. 우리는 휴가도 거의 안 갔고 부모님은 이혼 수당과 자녀 양육비 문제로 늘 싸웠다. 엄마는 교육보다 일이 더 중요하다고 생각했다. 그래서 나는 열일곱 살이 되자 대학에 가는 대신 패스트푸드 가게에서 관리자로 하루 종일 일했다.

그즈음 경마에 돈 거는 방법을 알게 됐다. 내가 일하는 곳의 건너편에는 경마장이 있었는데, 열여덟 살도 안 된 내게 사람들은 흔쾌히 불법 내기를 허락했고 나는 주로 돈을 잃었다.

이후 5년간 심각한 도박 중독에 시달렸다. 스물한 살에 결혼하고 싶다고 생각했던 여자친구와 헤어졌고, 수천 달러의 빚을 졌다. 정신적으로도 무너져서 자살을 생각하기도 했지만, 다행히 중독에서 벗어나는 도움을 받고 도박을 끊었다. 새 직장을 얻어서 빚도 모두 갚고, 천천히 새 삶을 꾸릴 수 있었다. 하지만 경제적인 부분에서는 여전히 불안정했다.

신용카드를 새로 발급받았을 때 나는 그만큼 쓸 돈이 더 생긴 것이라고만 생각했다. 한도액이 얼마인지는 상관없었다. 매달 최저 할부금을 내면서 연이율도 몰랐다. 나는 그만큼 경제관념이 없었다. 당시 만난 친구 하나가 처음으로 내 재정 상태를 점검해주면서 30일 동안 내가 쓴 동전까지도 전부 찾아냈다. 그 결과 내 계획보다 500달러나 더 지출했다는 사실을 알고 깜짝 놀랐다. 신용카드 빚이 야금야금 커진 건 당연한 일이었다.

아내 캐슬린을 처음 만났을 때 나는 금융 관련 일을 하고 있었다. 제대로 가구도 갖추지 않은 임대아파트에 살고 있었던 나와 달리 싱글맘인 캐슬린은 세 살 난 아들과 새 아파트에 살고 있었다.

함께 영화를 보러 가려고 처음으로 캐슬린의 아파트에 갔을 때, 한 달 예산을 꼼꼼히 적어 냉장고 문에 붙여둔 것을 보고 경악하며 도망칠 뻔했다. 음식, 임대료, 아이 양육비, 저축을 따로 분류해서 각 지출 금액이 1달러 단위로 자세하게 적혀 있었다. 나보다 적은 소득으로 집세를 더 많이 내면서 매달 저축도 할 수 있다니, 몹시 놀라웠다. 나는 매달 신용카드로 25달러만 더 쓸 수 있으면 아주 좋겠다고 생각하고 있었다.

저축은? 꿈만 같은 소리였다. 돈 관리에서 부족한 부분이 많은 나를 캐슬린이 너그럽게 봐줘서 결혼할 수 있었다. 나는 약혼반지를 사려고 돈을 빌려야 할 정도였지만 결혼 후에는 캐슬린에게 돈 관리법을 배웠다. 월급을 받으면 모든 지출비를 별도로 챙겨두었고, 저축할 돈도 미리 예산으로 빼두었다. 캐슬린을 본받아 직장퇴직연금도 가입했다. 지난 3년간 회사가 기꺼이 내주었을 6퍼센트의 회사 부담금을 멍청하게 걷어찼다는 사실을 그제야 알았다.

결혼한 지 반년도 되지 않아 나는 회사에서 승진했다. 덕분에 각자 별도로 가지고 있던 돈보다 우리 둘의 돈이 더 많아졌다. 그래서 집을 사기 위해 저축도 하면서 여행도 가고 새 가구도 살 수 있게 됐다. 이제는 이 습관이 몸에 배겠다고 생각했다.

그리고 경제적 자유로 가는 다음 단계를 '교회'라는 특별한 장소에서 발견했다. 교회에 관해 내가 아는 것이라곤 크리스마스와 부활절이 전부였지만, 거기서 배운 한 가지 교훈은 돈에 관한 생각을 영원히 바꿔버렸다.

어느 주일에 어린 딸을 데리고 온 우리 또래의 부부가 십일조(자기 수입의 일정 부분을 교회에 납부하는 것)의 힘에 관해 이야기했다. 처음에는 지루했지만, 돈에 대한 근심이 없어진다는 말을 듣자 호기심이 생겼다.

십일조에 대해 알아보니 하필 소득의 10퍼센트를 바치는 이유는, 그저 계산을 쉽게 하기 위해서가 아니라 뭔가 특별한 이유가 있는 것 같았다. 예산을 살펴보면서 우리도 소득의 10퍼센트를 바칠 여유는 되겠다고 생각했다. 물론 세금, 주택담보대출, 보험료를 지불하고 매달 저축금을 납입한 다음, 식료품 등을 산 후 생활비에서 남는 금액에서 말이다.

항상 바람직한 가치관으로 행동하라

캐슬린은 여전히 예산을 구체적으로 기록했다. 우리 월급의 남은 금액에서 십일조는 한 달에 겨우 18달러 정도였지만, 그래도 10퍼센트는 10퍼센트였다. 매 월급날 그 돈을 별도 계좌에 송금해두고 가장 합당한 날이라고 생각될 때마다 기부했다.

십일조는 30년째 이어지고 있다. 이것이 지금까지 종교적인 면에서나 경제적 자유를 얻기 위한 과정에서 우리가 경험한 가장 중요한 일이다.

이유가 무엇인지 궁금한가? 십일조를 시작하니 충분한 돈이 있었으면 하는 근심이 눈 녹듯 서서히 사라졌기 때문이다. 물론 시간은 걸렸지만, 우리가 필요로 할 때마다 돈이 항상 거기에 있는 것 같아서 우리에게 이미 충분한 돈이 있다고 믿게 되었다. 이 경험으로 우리는 결코 잊지 못할 교훈을 배우고, 남은 생애 동안 충실하게 십일조 내는 것을 지켰다.

깨달음을 준 다른 경험도 있다. 캐슬린이 아들을 임신했을 때 베이비샤워 파티를 열었는데, 나는 파티가 시작되면서 쫓겨났다. 다소 소외감을 느껴서 아들이 태어날 때 2주 이상 휴가를 받기로 마음먹었다. 직장에서 남성의 육아휴직이 시행되기 전인 1980년 후반 이야기다. 친구들은 내가 두 달간 무급 휴가를 신청하면 앞으로의 경력에 치명적일 거라면서 말렸다. 하지만 막 태어난 아이를 옆에서 지켜보고 돕는 일은 일생에 다시 오지 않을 경험이며, 위험을 감수할 가치가 있었다. 나는 직장 상사에게 육아휴직을 신청했고, 그는 흔쾌히 내 요청을 들어주었다. 그리고 자신도 아이들이 태어났을 때 그런 시간을 더 많이 보냈어야 했다고 말해주었다.

내가 얼마나 훌륭한 아빠인지 자랑하려고 이 이야기를 하는 게 아니라, 이 일이 경제적 자유를 이루는 과정에서 어떻게 도움이 됐는지 이야기하고 싶은 것이다.

육아휴직을 마치고 다시 출근하자 월급이 20퍼센트나 올랐다. 포춘 500대 기업에서 전례가 없던 이야기였다. 2주일 후에 승진했고, 10퍼센트 추가된 월급을 받게 되었다. 다음 달에 다시 일을 시작하려고 했던 아내는 덕분에 7년간 집에 더 머무를 수 있게 되었다.

내가 두 달간 휴직하기로 했을 때, 회사에서는 나라는 사람의 가치가 보였던 게 아닐까? 아니면 우선순위를 제대로 파악하는 내게 누군가 감명을 받았을 수도 있다.

하고 싶은 말은 이것이다. 경제적 상황에서 봤을 때 도저히 말이 안 되는 것처럼 보여도, 옳은 일을 해야 한다. 우리가 처한 상황을 바꿀 수는 없으니, 늘 바람직한 가치관을 실천하는 일이 중요하다. 바람직한 가치관으로 행동할 때 모든 일이 저절로 해결됐다.

도박 중독에서 벗어난 경험이 있는 나는 위험을 감수하는 성향이 다른 사람들보다 높았다. 아내와 나는 서로의 성향을 조화롭게 유지하는 법을 알아갔다.

아내는 서른여섯 살에 유방암 진단을 받았다. 나는 영업부장이라 일이 바빴지만, 며칠 휴가를 내고 아내를 도왔다. 그리고 회사는 사업을 축소하면서 10년 이상 근무한 직원을 대상으로 명예퇴직을 제안하고 있었다. 능력 있는 팀을 이끌면서 장래도 촉망되는 서른다섯 살인 나는 대상이 아니었지만, 캐슬린과 의논해서 일을 그만두기로 했다. 캐슬린은 내가 그다음에 내린 결정까지는 꿈도 꾸지 못했을 것이다.

우리는 〈로스트 인 아메리카Lost in America〉라는 영화를 본 적이 있는데, 부부가 전 재산을 팔고 캠핑카를 사서 전국을 돌아다니는 이야기였다. 우리도 나중에 영화 속 부부처럼 여행하자고 이야기했다. 캐슬린의 암이 비교적 심각하지 않다는 것을 알고 나서, 나는 캠핑카를 사서 온 나라를 여행하자고 제안했다. 시간은 쏜살같이 지나가고, 두 번 다시 이런 기회는 오지 않을지도 몰랐다.

"당신 정신이 나갔구나. 말도 안 돼!" 캐슬린은 암에 걸린 배우자가 실직자가 된 남편에게 할 법한 말을 했다. 마침 캐슬린이 6년 동안 참여했던 엄마들 모임에서 캐슬린을 설득해준 덕분에 우리는 떠났다. 석 달 동안 26개 주를 돌아다니면서 꿈에서만 그리던 광경을 직접 눈으로 보고, 서로를 더 많이 알게 되었다.

그리고 집으로 돌아온 나는 조그만 도시에서 일자리를 얻었고, 아내는 자신의 꿈을 좇아 7미터 길이의 이동식 도서관을 운전하게 되었다. 내가 말한 대로, 옳은 일을 하니 돈 문제가 저절로 풀렸다.

돈이 얼마나 있어야 충분할까?

내가 지나온 과정은 길고, 때로는 가시밭길이었다. 그 과정에서 돈에 관한 교훈과 어려움을 다른 사람과 나누고 내가 진심으로 바라는 것이 무엇인지 깊이 들여다볼 수 있었다.

직업을 갖는 것에 관심이 없어질 즈음 나는 회사에서 해고됐고, 일자리를 얻는 대신 신학대학에 입학했다. 졸업 후에는 매년 돈에 관한 설교를 하면서, 돈을 모으는 방법뿐 아니라 돈이 어떻게 우리 자신과 우리가 살아가는 방식에 영향을 미치는지도 말했다. 내가 아는 많은 목사는 돈 얘기를 꺼내지 않고, 돈을 내라고 요청하는 것 자체를 질색한다. 신도들도 대부분 돈 이야기를 듣기 싫어한다. 하지만 우리는 자신에게 돈이 얼마나 있어야 충분한지 묻고, 우리가 어린 시절 가졌던 돈에 관한 교훈과 감정을 살펴봐야 한다.

59세가 됐을 때 나는 목사협회 일을 그만두기로 했다. 캐슬린과 내가 만난 재무전문가들은 우리가 가진 저축금이 충분해서 더 일하지 않아도 될 것이라고 했지만, 나는 그럴 리가 없다고 생각하면서 웃었다.

내가 회사에서 마지막 해에 벌었던 금액을 목사로 일하면서 버는 데 20년이 걸렸다. 게다가 8년 전에 캘리포니아의 집을 팔고 아무 수익을 남기지 못했다. 목사가 된 이후 매도한 다른 두 집도 거의 수익을 남기지 못했다.

남은 삶을 위해 돈이 얼마나 있어야 충분할까?

20년 이상 목사로 일하며 소득의 10퍼센트 이상 규칙적으로 저축하고, 그 돈의 대부분을 주식형 펀드에 넣고, 주식시장 호황기라는 상황과 맞물리면서 우리가 가진 돈은 충분해졌다.

나는 70세가 될 때까지 사회보장연금 수령을 미룰 수 있게 됐다.

여전히 일하고 있는 아내는 언제라도 은퇴하고 싶으면 바로 연금 혜택을 받을 수 있다. 그때는 아내가 자기 일을 더는 즐기지 않을 때일 것이다. 아내의 월급은 이 모든 결정에 전혀 영향을 주지 않는다. 나는 원하는 일을 원하는 사람들과 원할 때까지 계속하려고 한다.

경제적 자유를 얻는 비밀이 더 있다면 좋겠지만, 그렇지 않다. 그래도 내게 효과가 있었던 몇 가지가 있다. 십일조 내기와 꾸준히 저축하기, 신중하게 투자하기, 행운과 사랑이 내 삶에 머물도록 기도하기 등이다. 이런 것들이 경제적 자유를 줄지는 장담할 수 없다. 하지만 순자산이 많은 사람이라도 부러워하는 인생을 누릴 거라고는 말할 수 있다.

돈의 태도 세 가지

- 돈 관리에 소질이 없다면, 돈 관리에 소질 있는 사람과 결혼하는 것도 좋은 방법이다.
- 돈을 많이 버는 일보다 옳은 일을 하라. 부족한 부분을 채우려고 하지 말고 가진 부분에 감사하라.
- 소득의 최소 10퍼센트를 기부하고, 최소 10퍼센트를 저축하며, 따분할 만큼 오래 투자하라.

Story 19

바닥을 쳤어도 늦지 않았다

윌리엄 에하트 William Ehart

시련을 이겨내고 다양한 경험을 한 숙련된 개인 투자자. 사람들에게 투자가 필요한 이유, 간단히 할 수 있는 투자 방법과 흔히 하는 실수 피하는 법을 가르치고 시장의 소음에 영향을 받지 않도록 도우며, 자신이 알게 된 것을 사람들과 나누기를 즐긴다.

투자 성공은 사람의 기질과 관련이 있다. 무조건 침착하고 자기 능력을 알아야 한다. 과한 야망이나 감정이 개입되는 것은 피하고, 인내심을 가져야 한다. 투자 지식은 조금만 있어도 된다. 가장 중요한 점은 자신이 무엇을 모르는지 아는 겸손이다. 안타깝게도 나는 그런 기질을 갖고 태어나지 않았다.

어린 시절부터 나는 투자에 대해 잘 알고 싶었다. 잘 알지도 못하고 주식을 가지고 있지도 않은 미국 제약 회사나 기억도 안 나는 긴 회사 이름을 떠들었고, 아버지 옆에서 투자 관련 TV 프로그램을 즐겨 보곤 했다. 투자가 아주 매력적으로 보였던 이유는 우수한 두뇌 활동만으로 부자가 될 수 있다는 생각 때문이었다.

여기에 내 약점이 있었다. 나는 어린 시절 내내 다른 아이들보다 충분한 자격이 있는 내가 부당한 대우를 받고 있다고 생각했다. 나는 내게 없는 것을 원했는데, 돈에만 해당하는 태도가 아니었다. 이런 태도 때문에 재산보다 더 소중한 것들을 잃었고, 내 재산마저 잃어버렸다. 다행인 것은 수십 년에 걸쳐 인간적인 품성과 성실함이 내게 스며들었다는 것이다.

내가 돈을 잃을 수밖에 없었던 이유

톨스토이의 고전 소설《안나 카레니나》는 "행복한 가정은 모두 비슷한 이유로 행복하지만, 불행한 가정은 저마다의 이유로 불행하다"라는 말로 시작한다. 이 말을 투자에 적용해보자. 어떤 사람들은 마음속에 걱정이 가득한 채 밤낮없이 일하지만, 몹시 복잡하고 다양한 방법으로 돈을 잃는다. 이런 사람들은 대부분 월스트리트에서 번지르르하게 승진했던 사람들이다. 여기서 돈을 잃는다는 말은 수년에 걸쳐 시장 수익에 크게 뒤처진 상황을 말한다. 시장을 이기려는 사람과 단숨에 부자가 되려는 사람에게 주어질 당연한 결과였다.

한편 시장을 이기는 데는 간단한 방법이 있는데, 주식시장에서 장기 수익률을 기대하는 것이다. 바람직한 기질을 갖춘 사람은 이 수동적인 접근 방법을 따르며 연 9퍼센트 가까이 수익을 내며 행복해진다. 하지만 나는 지루했다. 나는 아주 다양한 방법으로 나 자신을 불행에 빠트린 뒤에야 유치원에서 배울 만한 교훈을 제대로 이해했다. 인내심을 가져라. 서두르면 일을 망친다.

미래에 내가 저지를 투자 실수는 이미 페니 동전을 모을 때부터 조짐이 있었다.

어떤 사람들은 주화를 수집한다. 십 대 소년이었던 나는 페니(현재 미국에서 잘 사용하지 않는 옛날 동전)를 쟁여놓았다. TV에 나오는 도둑들이 멘 은행 가방 하나에 총 23달러가 있었다. 당시 페니를 순수하게 구리로 만들었는데, 정부가 1페니를 만드는 데 1센트보다 더 많은 돈이 필요하다고 어느 책에서 읽었다. 내 페니 한 꾸러미가 23달러보다 가치가 크다는 말이다. 나는 세상일을 이해하는 능력이 탁월하다고 믿었고, 그래서 페니를 모으면 수익도 많이 날 거라고 멋대로 생각했다. 앞으로 수십 년간 일어날 비극의 전조였던 셈이다.

안타깝게도 나는 투자에 관한 지식을 차근차근 쌓아갈 수 없었다. 내 자존심이 그런 노력을 방해했다. 20대에 나는 뱅가드의 금 및 에너지 분야 펀드에 잠깐 투자하면서도 막대한 실적을 낸 뱅가드의 의료보건 펀드는 완전히 놓쳤다. 인플레이션 완화 시절이었던 1980년대와 1990년대에 완전히 빗나간 시각이었다. 의료보건 펀드는 이미 다른 투자자들 사이에서 인기 있는 종목이라는 이유로 일부러 피했고 내가 투자한 뱅가드 스타STAR와 윈저 2Winsor II 펀드는 따분하기만 했다. 한 주에 달랑 3센트 오르다니? 그때는 내가 대단한 성공을 앞둔 펀드에 투자했다는 것은 꿈에도 몰랐다.

물론 두 펀드는 피델리티 마젤란 펀드 같은 전설적인 펀드가 되지는 못했다. 하지만, 35년 이상 그 펀드에 꾸준히 투자하기만 했어도 부를 얻었을 것이다. 여기 딱 맞는 중요한 교훈이 다시 떠오른다. 단순하게 하라.

내 실수는 여기서 끝이 아니다. 1991년, 순식간에 시장은 상승장이 되었고 나는 성장형 펀드 하나에 투자해 1년 안에 돈을 두 배로 불릴 수 있으리라고 예상했다. 그 펀드가 이미 유명해졌는지는 신경 쓰지 않았다. 나는 실적을 내는 데 안달이 나 있었다. 그해에 많은 펀드가 눈이 튀어나올 만큼 엄청난 수익률을 기록했지만, 똑같은 행운이 생기는 경우는 드물다. 1991년 최고의 승자인 주식들은 대부분 실망만 안겨주다가 폭락해 주식시장에서 사라졌다.

10년 후에 아내가 혼자만의 시간이 필요하다고 간청했지만, 나는 스프레드시트를 들이대며 아내를 괴롭혔다. 나는 가족을 위해 부자가 되어야 했다. 하지만, 부자가 되기는커녕 우리 가족은 얼마 후 풍비박산이 났다.

40대 후반, 2008~2009년의 금융위기와 그 이후까지 나는 속이 뒤집힐 정도로 끔찍한 결정을 계속해서 내리다가 거의 모두 잃고 말았다. 나는 빠르게 바닥을 쳤다. 그러다 2009년 말에 직장에서도 해고돼서, 다음 일자리를 구하기까지 1년이 걸렸다.

어렵게 얻은 교훈

이야기를 해보면 끝이 없다. 이혼하고, 계속해서 술을 마시다 병에 걸리고, 직장에서 두 번이나 잘리고, 집값이 곤두박질치고, 과소비에, 돈까지 빌려 투자하는 등 짐작할 만한 처참한 재앙이 따랐다고만 해도 충분할 것이다. 나는 주식을 담보로 대출하는 신용거래 투자의 위험성을 잘 알고 있었지만 안전한 범위 내에서 한다고 생각했다. 하지만 내 주식 일부가 신용증거금Margin debt의 담보로 적합하지 않다고 중개인이 선고할 수 있다는 사실은 몰랐다. 그 주식으로는 신용거래를 할 수 없었다. 2008년에 내가 보유한 투자은행 주식 대부분에 이런 일이 생겨서, 시장 하락을 틈타 신용거래로 신나게 매수하던 좋은 시절은 끝나버렸다. 2009년에 마지못해 주식을 팔면서 아이들의 대학 학비로 남겨둔 돈마저 잃었고, 2010년에 파산 신청을 하면서 모든 일이 끝났다.

나는 서서히 다시 혼자 살아갈 방법을 배웠다. 지출 습관을 바꾸고 직장에서 일만 하다 보니 재정 상태가 회복되기 시작했다.

여전히 알아야 할 투자 교훈이 있었다. 나는 인덱스 펀드를 개척한 잭 보글을 존경하고 그가 쓴 책과 인터뷰를 보며 많이 배웠지만, 인덱스 펀드에 투자하라는 교훈을 온전히 받아들이지는 못했다. 2010년 내내 보글의 조언과는 반대로 했다.

나는 가치 지향적인 사람이라, '가치 주식'이라는 개념이 와닿았다. 그래서 다시 다른 투자자들이 이미 몰린 종목이 아닌 다른 종목을 찾으려고 했다. 페이스북, 애플, 아마존, 넷플릭스와 구글이 역사적인 기록을 세우고 있는데도 "FAANG(페이스북, 애플, 아마존, 넷플릭스, 구글의 첫 알파벳을 딴 조어)는 필요 없다"라고 혼자 중얼거렸다. 포트폴리오는 가치주 펀드와 해외 펀드로 가득 채웠다. 그리고 일시적인 유행을 따라서 신흥시장 ETF에도 소량 투자하는 등 헛수고를 하면서 약세장 대부분을 낭비했다. 소수의 투자자만이 기술로 시장을 이길 수 있다는 말을 믿어서 더 열중했다.

내 마지막 희망은 유명한 가치투자자 칼 아이칸Carl Icahn과 다니엘 로엡Daniel Loeb의 일반 투자자를 위한 투자 상품이었는데, 상승세인 시장에서도 이들의 투자 상품은 몇 년간 부진했다. 나는 몇 년간 이 투자 상품을 가지고 있다가, 2020년 초에야 인덱스 펀드로 모두 대체했다.

마침내 회복하다

지금 내 수익률은 주로 시장을 따라간다. 자존감이 채워지지는 않지만, 내가 자산을 충실하게 관리하고 있다고 생각하면 괜찮다. 내 자산이 얼마나 뒤처지는지 모르는 무책임한 행동을 하지 않으려고 스프레드시트를 이용해 실적을 자세히 파악한다.

여전히 나는 내가 즐기는 방식대로 투자에 몰두한다. 이제껏 내가 겪은 경험과 교훈이 결정을 내릴 때 도움이 된다. 제일 먼저 해야 할 일은 자신의 위험감수성향과 투자 기간, 다양한 종목을 얼마나 선호하는지에 따라 기본 자산을 배분하는 일이다. 나는 포트폴리오를 여러 해 꾸준하게 유지하다가 한 번씩 재평가한다.

나는 포트폴리오를 조정할 때, 시장이 하락할 때의 매수 시점에 대한 나름의 기준을 정해두었다. 인덱스 펀드와 어머니에게 물려받은 펀드를 핵심 전략으로 하면서 다른 작은 주식들에 조금씩 투자한다. 물론 미리 정해둔 한도 내에서 투자하기 때문에, 실수를 저지르더라도 전체 포트폴리오에 영향을 미치지 않는다.

나는 이 일이 즐겁다. 하지만 투자에 지나치게 관여하지 않도록 막아주는 방어막도 필요하다. 물론 내 경우에 그렇다는 뜻이다. 나는 재무전문가의 도움을 받기로 했기 때문에 내가 세운 방식은 조만간 바뀔지도 모른다. 이 나이에도, 어쩌면 은퇴 후 10년이 지나더라도 투자 종목뿐만 아니라 투자에 관해 더 배워야 한다. 스스로 투자하는 것을 선호하는 사람들은 자문가의 조언은 돈 낭비라며 자만감이 하늘을 찌르지만, 자문가 덕분에 어리석은 행동을 예방한 적이 있다면 자문 비용을 몇 배로 되찾은 것이다.

이제는 다른 이들을 능가해 부자가 되려는 생각은 하지 않는다. 하지만 남부럽지 않은 재산을 모을 것이며, 내 자녀들에게도 많은 재산을 상속할 것이다. 내 꾀에 내가 넘어가지만 않는다면 말이다.

돈의 태도 세 가지

- 장기 투자로 성공하기 위한 인내심과 겸손을 갖춰라. 인덱스 펀드를 핵심으로 하고, 그 이상의 투자는 제한하라. 어렵다면 전문가의 조언을 들어라.
- 큰돈을 바라지 마라. 부자가 되려고 하면 실망만 찾아오는 법이다. 시장을 쫓으면서 번 돈은 시간이 지나면서 위태로워질 수 있다.
- 빌린 돈으로 투자하지 마라. 미스터 마켓은 가장 형편이 어려운 순간에 터무니없는 통행료를 부과하곤 한다.

Story 20

금수저로 태어나서 다른 길을 가다

짐 와서먼 Jim Wasserman

금수저의 삶을 벗어나 다른 방법으로 경제적 자유를 얻은 사람. 기업 소송을 담당하는 변호사였다가 교사로 직업을 바꿔 20년간 경제학과 인문학을 가르쳤다. 어린이 교육 도서 저자다. 아내 지아브의 글 역시 이 책에 실렸다.

내가 나의 삶에서 진심으로 돈 걱정을 하지 않았던 이유는 경제적으로 안정된 가정에서 태어났기 때문이다. 하지만 모든 멋진 이야기에서처럼 나도 마땅한 대가를 치르고 다시 태어났다.

나는 인간이 가질 수 있는 모든 특권을 누리면서 성장했다. 내 가족은 TV 시트콤에서 볼 수 있는 전형적인 부유한 가족이었다. 나는 소위 말하는 '금수저'를 물고 태어난 미국의 부유한 백인 남자로, 성공으로 가는 길은 평탄한 포장길이었다. 내게 돈이란, 중요하지만 특별히 관리할 필요 없는 무한 자원이었다.

아버지는 커튼과 직물, 침대보를 만들던 적자 상태의 회사를 인수해 그 분야 최고의 제조 회사로 만든 성공한 사업가였는데, 유일한 단점은 자식들에게 너무 너그럽다는 것이었다.

아버지는 우리가 돈 걱정은 하지 않고 꿈을 향해 나아가길 원했다. 하지만 거기에는 대가가 있었다. 나는 대개 용돈의 범위 내에서 합리적으로 소비하곤 했지만, 가끔 돈을 전부 날려버려도 혹독한 처벌 같은 건 없었다. 대학이나 법학대학원 등록금을 내야 한다는 걱정도 할 필요 없었다.

내가 아버지를 보면서 배운 교훈 한 가지는 최고를 누릴 형편이 된다고 해서 그만큼 소비해야 하는 것은 아니라는 점이었다. 아버지는 자동차도 평범했다. 무엇이든지 기본 모델로 충분하다는 것을 알고 계셨던 것이다. 물론 나는 졸업 후에도 선택할 수 있는 일자리가 충분해서 여전히 돈 걱정은 하지 않았다. 생활은 물론이고 투자도 할 정도로 충분했다. 나는 주식과 채권도 매수했지만 현명하진 못했다. 조금 조사한 내용을 근거로 삼고 대부분 내 예감에 기댔다. 나는 20대 중반이었고 인생 대부분을 학교에서 보냈음에도 스스로 숙달된 투자자라고 여겼다. 마치 페라리를 탄 초보 운전자 같았다.

내 지출 습관은 더 형편없었다. 나는 값비싼 레스토랑에서 식사하고, 필요한 물건이 있으면 고민 없이 샀다. 더 나은 제품을 찾기 위해 노력하지 않고 무엇을 사든 가장 비싼 것으로 샀다. 나는 가장 비싼 것이 질 좋은 물건이라고 생각했다.

무례함에서 깨어나 제대로 돈을 보다

1990년대 미국은 호황기였지만 나에게는 추락했던 시기였다. 나는 변호사가 되기 싫었다. 변호사는 사회에서 말하는 '성공의 길'이었지만 나한테는 아니었다. 나는 내가 받은 특권을 사회에 돌려주는 일을 단순한 배려가 아니라 의무라고 생각했지만, 기업 소송 변호사로서 부유한 기업에서 다른 기업으로 거액을 옮겨주면서 한편으로는 법률사무소를 살찌울 뿐이었다. 월급은 많이 받았지만, 체중이 늘고 가슴 통증이 생겼다.

그래서 나는 변호사를 그만두고, 사람들을 위해 일하면서 내 가족들을 먹여 살릴 수 있는 직업이 무엇인지 찾아보았다. 그리고 교육에서 그 답을 찾아서 내가 진짜 좋아하는 일인지, 교실에서 일어나는 일에 잘 대처할 수 있는지 확인하려고 대리 교사로 학생들을 가르치기도 했다.

그즈음 내 결혼 생활도 끝이 났다. 전처와 나는 같이 법을 전공한 친구 사이였지만 부부로서는 잘 맞지 않았다. 나는 특권층으로 오랫동안 살아서 웬만한 건 이미 다 누렸다. 우리 둘 중 누가 옳고 그른 게 아니라, 우리는 서로 다른 열망을 추구했다. 이제 나는 변호사가 아니라서 아무 생각 없이 지출할 수 없었고, 결혼 생활을 더 이상 유지할 수 없었다. 나는 아들을 위한 학자금 계좌에 사용하라는 뜻에서 주양육권을 가진 아내에게 내가 가진 재산을 대부분 주었다.

다행히 교사로서 재능이 있었던 나는 훌륭한 교사 자리를 얻고 은퇴 전까지 평생 일할 수 있었다. 문제는 내가 거의 처음부터 다시 시작해야 한다는 것이었다. 저축은 이혼과 함께 사라졌고, 내 소비 습관은 교사가 아니라 변호사 수준이었다. 나는 외식 횟수를 제한해야 했고, 물건을 살 때는 세일 상품인지 확인해야 했다. 내게 남은 유일한 고급 물건은 자동차였는데 할부 대금이 월 450달러였다. 결국, 고급 자동차도 꽤 많은 위약금을 물고 평범한 자동차로 바꿨다. 나는 예산 내에서 살기 위해 애썼지만 내 지출을 파악하는 데도 시간이 꽤 걸렸다.

내게는 두 가지 약점이 있었다. 첫째, 전처에 뒤처지지 않으려고 애썼다. 전처가 아들을 멋진 휴가에 데려가거나 선물을 많이 사주면 아이가 엄마를 더 좋아할까 두려웠다. 그래서 내가 할 수 있는 방법을 찾았다. 근사한 휴가 대신에 숲속에 비밀 동굴을 만들어 종이상자를 숨기고, 요새 같은 것들을 만들며 아이와 유대관계를 쌓았다. 두 번째는 비싼 데이트 비용이었다. 변호사, 경영자, 전문직 여성 등을 만나면서 돈을 물 쓰듯 쓰면 그날 저녁도 잘 풀리곤 했다. 교사와 데이트하고 싶어 하는 여자는 없다고 생각했다.

내게는 비이성적인 지출 습관이 있어서 나중에 후회할 걸 알면서도 종종 잘못된 구매를 했다. 학생들에게는 신용카드를 '은행에서 임시로 빌리는 대출금 같은 것'이라고 설명했지만, 실제로는 미래의 나 자신에게 빌리는 것으로 생각했다. 미래의 나는 돈을 더 많이 벌 것이고 가뿐히 갚을 수 있다고 믿었다. 하지만 변호사 시절의 빚을 갚고 있는 평범한 교사로서, 엉터리 같은 말이었다.

이후로 나는 소비심리학을 공부하기 시작했다. "소비자는 어린 시절부터 자신들을 둘러싼 미디어나 무언가에 영향을 받아 비이성적인 지출 습관을 갖고 비이성적인 선택을 하게 된다"라는 소비자 심리이론에 매료돼서, 이 주제로 기사도 쓰고 책도 세 권 썼다. 내 지출을 다시 평가하고 줄이는 데도 도움이 됐다.

옷은 할인점에서 사고, 오래 먹을 수 있는 음식을 만들어 식사를 해결했으며 외식도 줄였다. 나는 여전히 컴퓨터광이었지만, 예전과 달리 특징들을 살피며 비교하고 내게 진짜 최신 제품이 필요한지 묻는 습관이 생겼다. 데이트할 때도 돈 많은 변호사인 척하지 않게 되자 마음이 편해졌다.

경제적 자유를 함께 이루는 동반자

2002년 1월에 나는 진정한 경제적 자유로 향하는 과정을 함께 헤쳐나갈 공동 선장을 만났다. 나는 데이트 상대를 찾는 웹사이트에서 지아브를 만났다. 지아브의 프로필로 모든 걸 알 수는 없었지만, 돈을 대하는 태도가 서로 다르다는 것은 바로 알 수 있었다. 나는 필요할 때마다 쓸 수 있는 것이 좋아서 그 웹사이트의 1년짜리 구독권을 샀지만, 한 달 동안 사용하지 않을 때도 있었다. 반대로 지아브는 구독은 하지 않고 30일 무료 체험권을 이용했다.

내가 경제적으로 나아갈 방향을 제대로 정한 다음 지아브와 만나서 행운이었다. 더 일찍 만났다면 내가 지아브와 어울린다고 생각하지 못했을 것이다. 게다가 우리는 돈 관리에 관한 시각이 같았다. 가능한 한 최대로 저축하고, 퇴직연금 계좌에도 한도까지 저축해야 한다고 믿었다. 또한, 물건을 살 수 있는 능력보다는 다양한 경험을 할 수 있는 능력에 더 큰 가치를 두었다.

지아브와 나는 두 가지 면에서 달랐다. 첫째, 지아브는 꼼꼼했다. 단돈 1달러도 무엇에 썼는지 다 알았다. 지출하기 싫어하는 지아브의 태도는 지아브의 고국인 태국, 우리가 사는 미국, 은퇴 이후에 지낸 스페인까지, 세 대륙에서 빛을 발했다. 한편 나는 삶의 질에 더 초점을 두고 경험을 얻기 위해서는 돈을 너무 아끼지 않아도 된다고 생각한다.

오래된 습관 중 몇 가지는 아직도 고치기 어렵다. 예를 들어, 꼭 필요하다고 생각하는 물건을 살 때 가격을 살펴보거나 더 싼 물건을 찾기 위해 여러 가게를 돌아다니며 물건을 비교하는 것을 나는 아직도 잘 하지 못한다. 내가 "그냥 사자"라고 말하면, 지아브는 "근데 얼마야? 더 싸게 파는 가게 없어?"라고 말한다.

또 다른 점은 '시간과 돈 사이에서 균형을 잡는 것'이다. 지아브는 겨우 몇 달러를 아끼려고 몇 시간을 쓴다. 지아브에게는 미안하지만, 시간 낭비는 끔찍한 일이다. 지아브와 달리 나는 '어서 끝내버리고' 다음 단계로 넘어가고 싶어 한다. 이런 태도는 오랫동안 수업을 제때 끝내야 하는 상황 때문에 생겼거나, 아니면 아마도 내 ADHD(주의력 결핍 및 과잉행동 장애) 성향 때문인지도 모른다. 지아브는 돈을 벌기 위해 시간을 쓰고, 나는 시간을 벌기 위해 돈을 쓴다.

우리 둘의 관계를 잘 유지하는 중요한 열쇠는 서로 반박하지 않고 서로를 보완하는 것이다. 서로 의견이 다르더라도, 우리 결혼 생활의 중심에는 서로 존중하며 서로가 믿는 것을 기꺼이 받아들이고 상대방의 의견을 믿어주는 마음이 있다. 우리는 서로의 다른 관점 덕분에 완벽을 이룬다.

우리의 다른 점은 아이 둘을 키우는데도 영향을 주었다. 우리는 중고가게에서 크리스마스 선물을 사고, 선물 가격도 10달러 미만으로 정했다. 특히 아이들이 좋아했던 선물은 프로펠러가 달린 머그잔이었다. 우리 아이들 마음에 저축에 대한 올바른 인식이 스며들 수 있었던 이유다.

우리는 지출을 줄이는 일이 희생이 아니라, 너무 많은 물건을 소비하지 않기로 선택하는 '생활 방식'이라고 생각했다. 그리고, 가족 모두가 그것을 하나의 재미있는 이벤트로 즐겼다.

은퇴를 향해 발을 디디다

아들들이 대학에 간 후에는 큰 집을 팔고 작은 집으로 이사 갔다. 빈방에 주택담보대출을 지출할 필요가 없었다. 우리는 은퇴를 향해 조금씩 발을 내디디고 있었다. 무언가가 명확해지는 순간은 사람마다 다르다. 내 경우는 재무자문가와 회의를 할 때였다.

그때만 해도 내 머릿속에 은퇴란 막연하게 '언젠가 할 일'의 하나였다. 그가 남은 삶을 위한 우리 저축금이 충분하다고 말했을 때, 나는 생각했다.

'이제 은퇴할 때다.'

우리는 인생의 다음 단계를 위한 계획을 세웠다. 우리는 늘 여행을 하고 싶었고, 현지 사람들과 부대끼며 그들처럼 살아보고 싶었다. 턱없이 비싼 돈을 주고 화려한 리조트에서 휴가를 즐기기보다는 아담한 호텔에 머물며 거리 음식을 먹고 싶었다. 우리에게는 그런 여행이 더 진실하게 느껴졌고, 돈도 아낄 수 있었다. 지금 여기에서 경험하는 삶을 다른 나라에서도 살고 싶었다. 그래서 우리는 세상을 탐험할 수 있는 장소로 가기로 하고 몇 군데를 살펴보다가, 한 해에 3만 달러 정도로 살 수 있고 유럽 다른 나라로도 쉽게 갈 수 있는 스페인에 가기로 했다.

우리는 아이들이 대학을 졸업하고 나면 어느 날 우리가 할아버지, 할머니가 됐음을 알리며 다시 우리를 필요로 할 때까지, 아이들이 떠난 후의 시간을 견뎌야 함을 알고 있었다.

우리는 스페인에서 여전히 1500년대에 머물러 있는 공공 시스템에 짜증을 내며 산이나 해변을 걷고 포도주를 마신 후 낮잠을 자는 생활을 3년 정도 한 다음에 미국으로 돌아왔다. 처리해야 할 일들이 있었고, 아이들도 보고 싶었다. 여전히 우리는 저축으로 모은 돈이 충분해서 돈의 본질적인 힘인 '선택할 자유'를 누리고 있다.

행복을 누리는 과정에는 비용이 든다. 내가 젊었을 때 누린 것들은 미리 납부되었다. 그래서 1990년대에 스스로 나가떨어질 때까지, 어떻게 삶을 위한 게임을 하는지도 배우지 못했다.

내 행운은 아버지가 이룬 부와 다른 사람들의 도움에서 비롯되었다. 하지만 젊은 시절 몇 가지 좋은 선택을 하고 내 행동을 고쳐나가면서 스스로 게임 하는 방법을 알아갔다. 그 과정은 여전히 진행 중이다. 심지어 늙은 태권도 사범의 말도 계속 들으니 도움이 된다. 어쩌다 내가 기선을 제압하려고 머리를 쓰면, 그는 나를 노려보다가 고개를 끄덕이며 최고의 찬사를 전한다. "나쁘지 않군, 와서먼."

돈의 태도 세 가지

- 지출을 줄이는 것은 나를 희생하는 게 아니라 다른 선택지를 위해 돈을 절약하는 생활 방식이다. 가치를 다르게 보면 많은 돈을 저축할 수 있다.
- 물건보다 경험이 기쁨을 준다. 예를 들어, 마당에서 아이와 함께 종이로 성을 만들면 디즈니 월드에 가는 것보다 더 소중한 추억이 될 수 있다.
- 여행할 때는 적당한 숙소를 잡고 거리 음식을 먹어라. 최고급 호텔과 레스토랑에서 하는 식사만 고집하면 다른 문화가 주는 풍부한 경험을 놓칠 수 있다.

Story 21

좋아하는 일을 하면서 경제적 자유를 얻는 방법

캐서린 호리우치 Catherine Horiuchi

좋아하는 일을 하면서 길을 찾은 사람. 샌프란시스코 대학교 경영대학원 교수로 공공정책, 공공재정학을 가르치다가 은퇴하고, 지금은 명예교수로 있다. 여전히 돌봐야 할 아이 세 명과 함께 남은 삶을 즐겁게 보내고 있다.

십 대 초반에 부모님이 이혼하는 바람에 어머니는 친척이 있는 도시로 가서 남은 가족이 살 집과 첫 직장을 구했다. 어머니는 대학은 물론 대학원까지 졸업했지만 20년간 가정주부였기 때문에 일자리를 찾는 데 제한이 많았다. 결국, 경력이 전혀 없었던 어머니는 요양원에서 간호조무사로 교대 근무를 하며 일했다. 매일 아침 학교에 가는 우리를 배웅하고 오후에 일하러 가는 어머니와 돈 때문에 곤란을 겪는 우리 가족을 보면서, 나는 임금이 낮은 일자리는 피하겠다고 결심했다.

그 당시 옆집에 이사 온 젊은 부부가 이후의 내 삶에 영향을 미쳤다. 부부 중 한 명은 대학원 학생이었는데, 아프리카에서 자원봉사자로 일했다고 했다. 그 말을 듣고 넓은 세상에 눈떴다. 실제로 내 삶은 예상하지 못한 방향으로 흘러갔지만, 경제적으로는 놀랄 만큼 괜찮은 편이었다. 큰돈을 벌고 싶다는 생각을 하지 않은 덕분이다.

내 이야기는 원할 만큼 부를 얻은 사람들에 비해 자랑스럽게 내세울 정도는 아니지만, 한번 들어볼 만하다.

사회 초년생의 돈 문제

나는 비교적 저렴하게 대학교에 다녔다. 방 두 개짜리 임대아파트에서 여러 명이 함께 살면서 월세를 아꼈고, 식사는 식료품 저금통을 이용해 모두가 조금씩 낸 돈으로 집에서 만들어 먹고 외식은 가끔 했다. 교통비를 아끼려고 3킬로미터 정도 거리는 걸었고, 책은 학교 도서관에서 빌려서 봤다. 덕분에 졸업할 때는 빚도 없었고 많지는 않았지만 저축한 돈도 있었다.

이 모든 게 미래를 위해서였냐고? 나는 내 미래까지 생각해서 전공을 정하지 않았고, 졸업 후에는 세상을 여행하면서 일할 계획이었다. 그래서 학교에 다니는 동안 별다른 일은 하지 않고 졸업 후 바로 일자리를 찾았다. 나는 미래에도 유용한 기술을 배울 수 있는 직장을 구하고 싶었지만 대부분 누구나 할 수 있는 자리뿐이었다. 어머니처럼 장래성도 없고 낮은 임금을 받는 일을 하면서 살기는 싫었다.

결국, 나는 멀리 떨어져 있는 기업 고객이 24시간 자기 회사의 데이터에 접속할 수 있도록 지원하는 기계를 다루는 오퍼레이터로 일했다. 낮에는 물론이고 밤과 주말에도 일하고 고작 월 700달러를 받았다. 시간이 지나자 월급은 850달러로 올랐지만, 생활비도 같이 올랐다. 저축은 꿈도 꾸지 못했고, 내 미래를 위한 돈 문제는 거들떠보지도 않았다.

삶을 바꾼 오만에서의 경험

공무원 시험도 봤지만 높은 점수를 받진 못했고, 이전에 일했던 봉사단에 일자리를 구해서 이름도 들어본 적 없는 오만에 가게 됐다. 오만에서 일한 3년 동안 돈은 적게 벌었지만, 내 꿈이 현실이 되어 넓은 세상을 볼 수 있었다.

오만에서는 식료품 가게에서 하루에 몇 시간씩 휴대용 발전기를 돌려서 고기와 음료수를 차게 보관했다. 쓰레기 버리는 날 같은 건 없어서 사람들은 쓰레기를 태워 부피를 줄였다. 음식이나 놀 거리, 친구, 일자리가 널려 있는 미국에서의 생활을 유지하기란 불가능했다. 나는 집세와 공과금, 식료품까지 모두 포함해서 매달 받는 300달러로 살았다.

오만의 학교에서 학생들을 가르치며 거의 모든 마을 사람을 만났다. 그곳 사람들은 어렵게 살아도 미국 사람들 못지않게 행복해 보였고, 나와 비슷한 희망과 꿈을 갖고 있었다. 십 대 자식들을 걱정하고, 친구나 가족을 만나러 여행도 갔다. 그들은 내게 사진을 보여주면서 이야기를 들려주었다. 개인적 아픔도, 사소한 경쟁도, 저녁 파티도, 명절도 있었다. 내 고향과 모든 것이 같았지만, 인간에게 필수인 모든 활동과 바람을 매우 적은 돈으로 꾸려야 한다는 점만 달랐다.

이후 수십 년 동안 내가 큰 어려움을 당하거나 위태로운 상황으로 힘들 때면 오만의 여러 지역에서 살았던 시절을 떠올리곤 한다.

행복하고 가치 있는 삶은 언제, 어디에서나 스스로 만들어낼 수 있고 돈은 필요하지 않다는 사실을 기억하려고 노력한다. 내 행복이나 성공에 필수라고 생각하는 것에 더는 집착하지 않고 상황에 맞는 대안을 찾는다. 또한, 훨씬 적게 소유한 사람들을 기억하면서 내가 어떤 말이나 행동으로 잠시나마 그들의 운명을 나아지게 할 수 있는지 생각해본다. 평생에 걸쳐 나는 이런 생각을 하면서 깊은 슬픔을 달래고 돈도 제법 저축할 수 있었다.

뒤늦게 저축을 시작하다

고등학교를 졸업한 후 십 년간 나는 인맥을 구축하고 있었다고 해야겠다. 인맥이 늘어날수록 개인적인 기회나 잠재적인 수익이 증가한다. 나는 나 자신과 내 꿈에 일찍 투자한 덕분에 삶의 어려움을 잘 헤쳐나갈 수 있었다.

1982년, 오만에서 돌아온 지 얼마 되지 않아 나는 2년간 대학원을 다닌 후 컴퓨터 프로그래머로 일했다. 내 나이는 서른을 앞두고 있었지만, 모아둔 돈은 없었다. 나는 그제야 내 직장퇴직연금에 저축하기 시작했다. 연봉도 올랐다.

하지만 실수도 수없이 저질렀다. 예를 들면, 갑자기 발생하는 지출은 전혀 준비하지 않고 퇴직연금 저축에만 신경을 썼다. 그러다 보니 말기 암 진단을 받은 아버지가 나를 보고 싶다고 했을 때, 내게는 비행기 표를 살 현금도 신용카드도 없었다. 다행히 내 퇴직연금 계좌를 담보로 대출해주겠다는 상사의 제안 덕분에 7퍼센트 이자율로 갚겠다는 계약서를 쓰고 필요한 돈을 빌렸다. 긴급할 때 쓸 수 있는 돈을 따로 저축했다면 좋았을 것이다.

나는 공무원으로 9년간 일했는데, 그동안 급여는 3만 달러에서 9만 달러로 올랐다. 직장 생활을 시작한 이후 20년이 흘렀다. 매년 나는 내가 받을 연금을 예상해보고 사회보장연금 명세서를 보면서, 그 비용으로 은퇴 후에도 걱정 없이 살 수 있을지 살펴본다. 은퇴 후 발생할 수 있는 불가피한 지출을 생각해서 계속 일하고 저축했다.

부모님이 57세, 62세에 돌아가셨기 때문에, 나도 은퇴까지 살아 있을 거라는 기대는 할 수 없다. 오래 살지 못한다고 해도 살아온 인생을 후회하고 싶지는 않다. 나는 현재 내가 하는 일이 잘 맞는지, 내 능력을 제대로 활용하는 일인지 규칙적으로 검토했다. 잘 맞지 않는 일이라고 생각했다면 승진을 하거나 더 만족할 만한 새 일자리를 찾았을 것이다. 또, 계속해서 새로운 기술과 관리 방법을 배워서 필요한 능력을 갖추려고 노력했다.

마흔 살이 됐을 때, 나는 55세에 은퇴해서 남편과 나 둘 중 하나가 먼저 세상을 떠나기 전까지 함께 시간을 많이 보내야겠다고 생각했지만 내 계획과 내 삶은 다른 것이다. 그동안 나는 두 번 결혼했고, 한 번 이혼하고 한 번 사별했다.

그리고 내게는 다섯 명의 아이가 있는데, 한 아이는 아직 고등학교에 다닌다. 나는 지출을 줄여 예산에 맞춰 생활했으며, 오랫동안 육아와 대학 학비에 많은 돈을 썼다. 아주 가끔, 퇴직연금 계좌에 저축하지 못했을 때도 있었다. 이제 상황이 변해서 다시 저축을 시작했고 원하면 두 배로 저축할 수도 있다.

1990년대 후반 직원들 대부분이 계약직 직원들로 대체되었다. 당시 나는 박사학위 마지막 과정만 남겨놓은 상태였다. 가족들의 지지 덕분에 다른 일을 찾는 대신, 무사히 박사학위를 마치고 대학교수로도 일할 수 있었다.

대학에서 일했던 시절 내 연봉은 10만 달러였다. 엄청나게 많은 금액도 아니고 오랫동안 받지도 못했지만, 성공의 증거인 것은 확실했다. 나는 50세 이후에 더 낼 수 있는 추가 금액을 포함해 직장 퇴직연금에도 최대로 저축했다. 로스 개인퇴직연금에도 최대로 저축했다. 내가 95세까지 살 경우를 대비해서 저축한 게 아니었다. 나한테 불운이 닥치더라도 우리 아이들이 돈 때문에 어려움을 겪지 않기를 바라며 저축했다.

은퇴 후를 살게 하는 힘

남편이 먼저 세상을 떠난 뒤 나는 어려운 시절을 세 차례나 겪었다. 아주 별난 사고를 겪었고, 조기 은퇴도 했다. 팬데믹으로 1년 동안 학교가 문을 닫았고, 내 쌍둥이 아이들의 대학 학비를 도둑맞았다. 하지만 우리는 묵묵히 갈 길을 갔고 내 아이들은 무사히 대학 1학년을 마쳤다.

나는 나이 들어서 혼자 지낼 것이 걱정스럽다. 아이들에게 짐이 되고 싶지 않다. 아이들은 이제 자기 인생을 살면서 오래전에 내가 했던 것처럼 모험의 시간을 보낼 것이고, 나는 그 길을 막고 싶지 않았다. 나는 아무 걱정 없이 취미 활동을 하고 새로운 친구를 만나고 여행을 다니면서 은퇴 후 시간을 다 써버리지는 않을 것이다. 적어도 아직은 말이다.

내 삶을 돌아보면 시간과 돈을 쓸 때 내가 내린 선택을 최우선으로 생각했다. 그래서 대가족을 이뤘고 주변에는 친구도 많이 두었으며 내가 꾼 꿈들도 대부분 열매를 맺었다.

지금 나는 여전히 돌봐야 할 십 대 아이 셋이 있는 부모다. 사회보장연금을 받으며, 필요하면 저축금으로 보충하면서 살고 있다. 또한, 같은 집에 거의 30년째 살고 있다. 주택담보대출은 오래전에 다 갚았고, 어디에도 빚은 없다.

평생을 여기저기 돌아다니며 살았던 내 삶을 돌아볼 때 행운도 있었고 불운도 있었지만, 내 순자산과 연봉으로 기대할 수 있는 인생보다 훨씬 더 멋지게 살고 있다. 내가 비교적 어렸을 때부터 저축과 투자를 시작했고, 소득이 늘어도 덜 지출한 덕분일 것이다. 도전하고 싶은 목표가 많았던 내게 그런 도전을 가능하게 했던 자산이 있었다는 것에 감사한다.

이제는 나 자신뿐 아니라 내가 수십 년 동안 봉사를 해온 단체에 돈을 더 많이 지출하고 있다. 아이들이 다 자라면, 적절한 때에 내 재정 상황에 관한 이런저런 이야기를 함께 나눌 것이다.

나는 건강과 행운이 영원하길 바라는 불합리한 기대는 품지 않는다. 대신에 현실주의자로서 최악의 상황을 잘 준비하고 있다. 내 나이에 상관없이, 내게는 여전히 돌봐야 할 십 대 아이가 셋 있다는 사실을 절대로 잊지 않는다. 모험은 그렇게 계속된다.

돈의 태도 세 가지

- 매달 저축할 돈과 지출할 돈을 따로 떼놓은 후, 원하는 만큼 충분히 지출하라. 다만 갑작스러운 지출도 준비해라.
- 부잣집에서 태어나지 못했다면, 스스로 돈 벌 방법을 궁리해 자율성을 찾고, 자신에게 맞는 직업을 찾아라.
- 이해할 수 있는 금융 상품에 투자하라. 단순하게 투자할수록 교묘한 수법에 당할 위험을 피할 수 있다.

Story 22

대단한 부를 이루지 않아도 잘 살 수 있다

매트 트로그돈 Matt Trogdon

어린 시절의 경험이 돈의 태도에 미치는 영향을 알고 있는 사람. 재무설계사로 일하면서, 특히 전통적 가치를 따르기보다 개인을 중시하는 X세대와 IT기술에 익숙한 Y세대를 돕는 일에 특별히 관심을 기울이고 있다. 또한, 뱁슨대학에서 금융지식 교육 프로젝트의 워크숍 강사로도 활동한다.

많은 사람이 은퇴 후에 돈 걱정을 하지 않기 위해 안정된 고소득 월급쟁이가 되려고 발버둥 치지만, 나는 어떻게 '살아갈지' 배운 경험이 많다. 이것이 30년 이상 내 삶을 이끌어온 핵심이었다. 월급쟁이를 그만두고 위험을 무릅쓰며 어딘가로 뛰어드는 일도 전혀 두렵지 않았다.

이런 마음가짐은 내 어린 시절에 자리 잡았다.

어머니는 내가 다섯 살 때 돌아가셨고 아버지는 내 여덟 살 생일 전날 돌아가셔서, 나는 외할머니와 함께 살았다. 어린 나이에 부모님을 잃은 일이 정신적, 감정적, 심리적으로 어떤 영향을 미쳤는지 말하라면 책 한 권을 다 채울 수 있다. 나는 많은 세월 동안 나를 겹겹이 둘러싸고 있는 껍데기를 깨부수려고 애쓰며 살았다. 그 처절한 상실감은 돈에 대한 내 생각과 감정에도 영향을 미쳤다. 어린 내가 결핍으로 공허한 감정에 휩싸인 건 당연한 일이었다. 아직도 내가 쉽게 벗어던질 수 없는 감정이다. 부모님을 잃은 후 한동안 나는 살아남으려면 무엇이 필요한지 알아내기 위해 주의를 기울였다. 그래서 다른 사람보다 그 느낌에 더욱 집중하게 된다.

내 잃어버린 돈을 찾아서

조금 즐거운 이야기를 해보겠다. 나는 삼촌과 이모, 사촌들로 북적이는 대가족 사이에서 자랐다. 우리 가족은 돈에 관한 이야기를 많이 했다. 내가 할머니와 같이 살 때, 할머니는 동네 은행에서 내 이름으로 저축 계좌를 만들어주셨다. 50달러를 저축하면서 나에게 앞으로 '이자'라는 것을 받을 거라고 말씀하셨다. 은행에서 보내준 내역서 덕분에 내가 이자를 얼마나 받았는지 알 수 있었다.

우리 가족에게 돈은 충분했다. 식탁에는 항상 음식이 있었다. 하지만 할머니는 우리가 그럭저럭 살아갈 뿐이라고 강조했다. 그리고, 나를 집에서 걸어갈 수 있는 거리의 사립학교에 보내서 '부자'란 어떤 건지 깨닫게 했다. 반 아이들의 부모는 의사나 변호사, 성공한 사업가로, 우리 집과는 비교할 수도 없는 호화로운 집에 살았다.

내게 또 다른 계좌가 있다는 것을 몇 년 후에 알게 되었다. 내 아버지의 유산관리자이자 신탁관리인인 이모가 그 계좌를 관리했고, 필요할 때마다 자금을 보충하면서 우리를 돕고 있었다.

얼마 지나지 않아 스물다섯 살이 되면 아버지가 남긴 신탁금이 내 것이 된다는 걸 알게 됐다. 대단하지는 않았다. 증권 계좌 몇 개와 투자가치가 확실치 않은 임대 부동산 몇 개가 있었다. 통장을 보여주었던 이모는 내게 투자 계좌 명세서 잘 모아두는 일을 맡겼다.

1990년대 후반에 나는 투자 계좌 잔액이 분기마다 빠르게 증가한다는 걸 알아차렸다. 아직 내가 뭘 모르는지는 몰랐지만, 생각했던 것보다 내게 무언가 더 있을지도 모른다고 짐작했다. 대학 시절 내 회계사는 이렇게 말했다.

"아버지가 훌륭한 비상금을 남겼군요. 경솔하게 낭비만 하지 않으면 남은 생이 보장될 거요. 이런 식으로만 가면 나이 서른에 백만장자가 될 수도 있어요."

하지만 2년 후, 투자금이 어떻게 돌아가고 있는지 확인했다가 충격을 받고 말았다. 다른 사람들처럼 기술주가 폭락하면서 심각한 손해를 보고 있었다. 포트폴리오에 다른 주식들도 있었지만, 서른에 백만장자가 되는 꿈은 물 건너간 일이었다.

그해 여름 모든 게 바뀌었다.

나는 갑자기 투자금에 몰두하기 시작했다. 평범한 학생에 불과한 내가 여전히 '에이스'를 손에 쥐고 있다는 걸 알았다. 이제 내가 가진 게 무엇인지 알고 지켜내는 한, 내 인생이 어디로 향하든 크게 돈 걱정은 하지 않고 살아갈 수 있다고 믿고 있었다.

그리고 사촌 중 한 명이 내게 72의 법칙을 설명해주었다. 72를 연간 투자 예상 수익률로 나누면 원금이 두 배가 되는 기간을 알 수 있는 법칙이라며 나를 다독였다.

"그 돈을 그냥 써버리지만 마. 네가 한 푼도 더 저축하지 않아도 무조건 괜찮아질 테니까."

그 돈 때문에 나는 마땅히 해야 할 진로에 대한 고민을 심각하게 하지 않았다. 내 친구들은 대부분 경영이나 경제학을 전공했고, 졸업 후 투자은행에 일자리를 잡고 성공을 향한 길에 발을 디뎠다. 또 다른 친구들은 역사나 행정을 전공한 후에 법학대학원에 갔지만, 나는 학교를 졸업하고 처음 몇 년 동안 자리를 잡지 못했다. 대학원을 졸업한 후 12년 동안 투자 정보 웹사이트 '모틀리 풀The Motley Fool'에서 일하며 많은 업무를 맡았다. 그곳에서 했던 일은 즐거웠지만 특정한 분야를 맡아 전문성을 기르지는 못했다.

물론 내 손에 쥐고 있는 패를 빼앗기지만 않는다면 그럭저럭 살 수 있다는 걸 알고 있었다. 그 회사가 일하기에 완벽한 회사여서 다행이었다. 투자와 개인 자산관리에 관한 글을 쓰는 사람들에 둘러싸여 금융에 대한 내 흥미와 이해도도 깊어졌다. 직장퇴직연금의 회사 분담률도 굉장히 높은 회사였고, 직원들에게 투자 방법에 관한 좋은 교육도 해주었다. 나는 거기서 일하는 동안 꾸준히 직장퇴직연금에 저축하고, 소득보다 적게 지출하라는 사촌의 조언을 늘 염두에 두었다. 내 재정 상황은 주식시장이 좋아지면서 함께 좋아졌다.

결국 2016년에 내 직업에 관해 깊이 생각한 후 재무설계사 자격증을 공부하기로 마음먹고 2년 후에 시험에 통과했다. 2019년에는 모틀리 풀을 그만두고 워싱턴 D. C.에 있는 작은 회사에 들어갔다. 임금이 줄었지만 크게 상관없었다. 새로운 임금의 수준에 맞춰 지출을 줄이기만 하면 임금이 낮더라도 문제가 되지 않았다.

현재 내 재정 상황은 여전히 비교 분석하고 평가해야 하는 상태다. 앞으로 몇 년 동안 시장 상황이 안 좋아질 거라는 사실도 알고 있다. 하지만 나는 저축한 돈에 손대지 않으려면 매달 얼마를 벌어야 하는지도 알고 있고, 투자 수익률이 변하면서 미래의 모습이 어떻게 달라질지도 예측할 수 있다.

나는 그런 수학적 계산은 할 수 있지만, 여전히 내 마음속 깊숙이 자리 잡은 그 결핍감은 극복하지 못할 것 같다. 경제적으로 안정된 상황에도 가끔 지독히 살뜰하게 구는 내 모습이 어처구니없이 느껴지기도 한다.

좋은 면도 있다. 내가 새 자동차를 사지 않고 가지고 있는 차를 어떻게 관리하고 있는지를 보라. 10년째 타고 있는 내 차는 너무 많이 고장이 나서 어떤 고장이었는지 전부 기억하기도 힘들다. 자동차 앞바퀴 정렬에도 문제가 있고, 운전자 쪽 옆문이 볼품없이 푹 들어갔다. 에어컨도 제대로 작동하지 않는다. 가장 중요한 것은, 잽싸게 움직이지 않으면 차 열쇠를 뺄 수 없다는 것이다.

최근에 친구와 야구 경기를 보러 갔는데 매번 자동차 열쇠를 빼내기가 어렵다고 했더니, 친구가 어떻게 하는지 보여달라기에 시범을 보였다. 열쇠를 시동 장치 안으로 좀 더 밀어 넣고 손가락에 힘을 풀면, 시동 장치가 뒤쪽으로 들어가며 열쇠가 빠져나왔다.

"그건 어디서 배웠어?"

"'폭스바겐 제타 시동 장치에서 열쇠가 안 빠질 때'로 구글링했지. 시동 장치를 새로 바꾸면 6,000달러가 든다고 해서, '잽싸게 돌려 빼기' 비디오를 보고 해봤어. 잘 먹히던걸."

친구는 계속 웃어댔고, 나는 이렇게 말했다.

"이봐, 뭔가 제대로 하는 방법이나 괜찮은 물건 고르는 법 같은 걸 알고 싶으면 괜히 나한테 전화해서 시간 낭비하지 마. 근데, 물건 좀 더 오래 쓰고 싶은 비법을 알고 싶으면, 적합한 사람이 바로 나야."

내 자동차는 다시 일 년 이상 잘 굴러갈 것이다. 나 역시 계속 잘 살아가리라 믿어 의심치 않는다.

돈의 태도 세 가지

- 어린 시절 겪었던 돈에 관한 경험을 알아보고, 지금까지 그 경험이 내게 어떤 영향을 주는지 살펴라.
- 인생 초반에 적지 않은 금액이 모이면, 무작정 지출하기보다 돈이 불어나도록 두어야 은퇴를 생각할 수 있다.
- 자녀에게 유산을 물려줄 생각이라면 특정한 나이가 됐을 때 한꺼번에 건네지 말고 신탁을 활용해라. 그렇게 하면 아이들이 열심히 공부하고, 직장에서도 좋은 성과를 낼 것이다.

Story 23

내 안의 목소리를 따라가라

랜드 스페로 Rand Spero

열정을 따라 경제적 자유를 실천하고 타인의 경제적 자유도 이루기 위해 돕는 사람. 고객들이 인생 전환기 동안 자산을 체계적으로 관리할 수 있게 돕는 재무설계 회사 회장이다. 보스턴의 여러 대학에서 개인 자산관리에 관한 수업을 하며, 팟캐스트 '파이낸셜 크로스로드Financial Crossroads'도 진행한다.

어렸을 때 할머니는 내게 대대로 가족이 하고 있는 창고 도매사업을 맡아야 한다고 말씀하셨는데, 대공황을 겪으신 할머니에게 이 사업은 안전을 뜻했다. 많은 이들이 누군가가 자신이 걸어갈 그림을 알려주고 경제적 안정까지 보장해주기를 원할 것이다. 하지만 나는 가족이 내 인생을 통제한다는 생각이 들어서 싫었다.

내 경제적 자유를 얻기 위한 과정은 두 경쟁자, 아버지와 어머니의 사이에서 복잡해졌다. 아버지는 가족의 압박에 떠밀려 할아버지의 창고 사업을 물려받고 거기서 나온 수익에 기대 인생의 결정을 내렸다.

반면, 맨해튼에서 자란 어머니는 세상을 더 넓게 봤다. 신념과 다양한 경험을 존중하며, 언제나 호기심을 잃지 말라고 격려해주셨다. 고등학생 시절, 내가 사는 도시는 침체기를 겪다가 주요 산업인 철강업이 붕괴하면서 다시는 회복하지 못했다. 우리 가족이 사는 집은 1970년에 10만 달러였는데, 그 집은 오늘날 72만 5,000달러는 돼야 맞지만 15만 달러에도 못 미친다. 가족 사업을 한다는 건 쇠락해가는 공동체에서 산다는 것을 뜻했다.

경제적 자유를 위한 토대를 만들다

대학 시절, 나는 심리학에 관심이 있었다. 지도 교수는 내게 임상심리학 박사학위를 제안했지만 나는 사회심리학과 집단 역학의 영향력에 더 관심이 있었다. 내가 좋아한 경제학 교수가 인간은 감정 때문에 금융 판단을 왜곡할 수 있다는 점을 강조했고, 그 주제가 내 평생의 흥미로 자리 잡았다.

졸업 후 가족 사업을 해야 한다는 압박감을 느꼈지만 나는 결정을 미뤘다. 그리고 아무 사업 경험도 없이 캘리포니아 대학 경영대학원에 지원했다. 대학원에 다니는 동안 전략마케팅을 전공했고 조직행동론 수업에서 조교로 일했다. 경영학 전공을 살려 일할지, 학교에 남을 것인지 여전히 결정하기 어려웠다. 2년 동안 내가 확실하게 결정을 내린 건 '가족 사업을 하러 돌아가지 않겠다'라는 생각뿐이었다. 경제적으로 책임감 있는 사람이 되고 싶었지만, 아무 회사에서나 일하는 건 싫다는 양가감정 때문에 스트레스만 쌓였고, 결국 꼼짝도 못 하는 신세가 됐다.

동급생들보다 더 어리고 아무 직장 경험도 없는 내게는 목적의식이 필요했다. 뭔가 흥미로운 일을 찾기만 하면 모든 게 제대로 돌아갈 거라고 확신했다.

취직하기 전 여름 휴가를 떠난 동급생들과 달리 나는 그 여름을 재정비 시간으로 활용했다. 생활비를 벌기 위해 임시로 일자리를 구하고, 머리를 식히기 위해 수영과 자전거를 탔으며, 도서관에서 시간을 보냈다.

그때 나는 앨빈 토플러Alvin Toffler의 《제3의 물결》에 깊은 인상을 받아, 뛰어난 인재가 모여 있고 혁신관리팀으로 유명한 콘티넨털 케이블비전Continental Cablevision이라는 회사에 들어가는 것을 내 구체적 목표로 정했다. 그해 가을부터 기업 마케팅 관리자로 일할 수 있었다.

회사의 새 상사들이 내게 자율성을 준 덕분에 나는 다양한 영역을 시도할 수 있었고, 융통성을 가지고 일할 수 있었다. 나는 시장 조사와 고객 서비스를 책임지는 일을 했는데, 직원들이 회사에 적극적으로 관심을 가질 수 있도록 회사 워크숍을 계획하는 업무도 같이 진행했다. 누구도 나를 기업의 틀에 맞추려고 하지 않았고, 개인의 독창성을 높이 사는 점에 감사했다.

그런데 4년 동안 신나게 일하고 나니 공부하고 싶은 마음이 슬그머니 올라왔다. 하버드 대학원에 가서 조직행동론을 공부하겠다는 내 계획을 회사 관리자들에게 이야기하자, 다들 무척 놀랐다. 상사는 내가 회사에 남아주길 원하면서 파격적인 연봉 인상을 제안하기도 했지만 내 열정에 집중하고 싶어서 퇴사했다.

회사는 거액에 매각됐다. 회사의 최종 매수가 확정되기 전에 그만둬서 돈을 벌 기회를 잃었지만, 대신 더 지적인 자극을 향해 나아갈 기회를 얻어서 크게 아쉽지는 않다. 나는 회사에 다니면서 개인적으로 모아둔 저축금을 1년 동안 석사학위를 공부하는 데 썼다. 내 계획은 졸업하자마자 월급을 많이 주는 회사에 취직하는 것이었다.

인생을 바꾼 충고

내 인생을 바꾼 교훈은 한 교수의 책을 비판하는 과제에서 비롯되었다. 그 교수는 자기 책에서 강력한 기업문화를 만들려면 확실한 조직 기법을 이용하라고 주장했다.

나는 그 책의 통찰력을 칭찬했지만, 세부 내용은 "그 기법으로 조직을 운영하면 업무 환경이 너무 갑갑할 것"이라고 주장했다. 교수는 이렇게 썼다. "대단한 통찰력이군요. 학생은 무조건 자기 사업을 해야겠군요!" 또한, 자기 사업을 하려면 마케팅 능력이 필요한데 나한테 큰 문제가 안 될 거라고 했다.

서른이 되면서 내 목표는 집을 사고, 미래의 내 가족을 책임지는 단계까지 발전했다. 내 사업을 하게 되면 현금 흐름이 불안정해져서 주택담보대출을 갚지 못하는 위험이 생길 수도 있지만, 내 사업을 한다는 생각에 신이 나서 내가 아는 사람들에게 어떤 서비스를 제공할 수 있을지 상상하기 시작했다. 원래 계획에서 방향을 바꿔 내 사업을 하려는 시도는 이전 회사에서 쌓은 인맥 덕분에 원활하게 진행됐다. 졸업하자마자 이전 직장의 사장뿐 아니라 같은 업계의 다른 회사로 이직했던 관리자들이 수많은 컨설팅 프로젝트를 내게 맡겼다.

나는 마케팅과 조직 관리 프로젝트를 다양하게 진행하면서 수익을 올렸다. 업계에서 눈에 띄는 회사에서 일했던 덕분에 수월하게 경영 컨설턴트로 발을 들일 수 있었다. 몇 년 지나지 않아 컨설팅으로 꾸준히 소득을 올릴 수 있었고, 첫 주택을 살 때 주택담보대출을 받을 자격도 생겼다.

컨설팅 업무는 대부분 시장 조사와 전략 수립이었지만, 조직행동론을 공부하고 가르친 경험으로 교육 워크숍 제안도 받았다. 연구 전략 보고서를 현실적으로 작성해 관리자들이 스스로 세운 가정을 제대로 평가하게 했으며, 관리자들이 의욕을 가지고 스스로 세운 계획으로 발전할 수 있게 워크숍을 이끌었다.

이 무렵 나는 부모님에게 이혼으로 엉망이 된 재정 상태를 해결해달라는 요청을 받았다. 창고 사업에 대한 소유권도 나뉘었다. 부모님이 회사의 절반을 소유한 다음 부모님 사이에서 또 나뉘었고, 창고 사업을 운영하던 내 사촌 형이 나머지 반을 소유한 상태였다. 어머니는 내게 당신의 이익도 대리하고 늙은 아버지도 도와달라고 부탁하셨다. 부모님의 긴박한 요청이 전혀 달갑지 않았지만, 의무감에 돕기로 했다. 내가 오래전에 거절했던 창고 사업이 여전히 나를 괴롭혔다. 게다가 부모님이 법적으로 별거에 들어간 후에 어머니가 고용한 중개인은 어머니의 채권 계좌를 맡아 쉴 새 없이 거래하면서 높은 거래보수를 챙겼다.

겉만 번지르르한 그 직원에게 반대 의견을 말했더니, 그 직원은 시장 타이밍을 찾기 위해 독자적인 혜안을 발휘했을 뿐이라고 말했다. 화가 나서 그의 실적을 뱅가드의 인덱스 펀드와 비교했는데, 기준 펀드와 비교해 연 10퍼센트 이상 실적이 저조했다. 사람들, 특히 나이 든 분들에게 신뢰할 수 있는 재무자문가가 필요한 이유다.

나는 금융 서비스를 제공하는 회사들의 이기적인 과대광고를 보면서 더욱 교육받은 투자자가 되기로 마음먹었다.

내가 흥미롭게 읽었던 투자 관련 책들은 투자자들이 왜 시장을 이기기가 그렇게 어려운지를 강조했다. 나는 스스로 알아서 하는 개인 투자자로서 저비용의 주식형 인덱스 펀드를 믿고 다양하게 투자했다. 내 관심은 가치주와 소자본 투자로 살짝 기울어지긴 했지만, 변동성에 영향받지 않는 우량 단기 채권에도 투자했다. 엔터테인먼트 회사에 관해 내가 아는 지식을 총동원해서 스스로 선별한 몇 가지 주식도 보탰다.

저비용의 다양한 포트폴리오를 구성하는 일은 어렵지 않아 보였다. 더 신경 써야 할 부분이 있다면 내 감정과 자아를 관리하는 일이었다. 현재 벌어지는 사건들과 최신 시장 흐름을 제대로 파악하면 내 컨설팅 업무에도 도움이 될 것 같았다. 하지만 복잡한 요인으로 변하는 시장을 예측하기란 쉬운 일이 아니다. 내 과한 자신감만으로 투자하면 위험천만한 일이 생길 수 있다. 그렇지만 시장이 앞으로 어떻게 될지 조금은 예상해볼 수 있었다. 내 의견을 뒷받침하는 확실한 기사를 찾는 건 아주 쉬웠다.

내가 시장 타이밍 이론을 비판하는 전문가들의 경고에 귀 기울여서 다행이었다. 시장 전망에 따라서 행동하지 말고 '끝까지 버텨라'라는 존 보글의 말을 따르면서 많은 돈을 지킬 수 있었다.

공부하면서 내 자산관리를 하다 보니, 가족들이나 다른 사람들에게 개인 자산관리에 관해 조언하는 일도 직업이 될 수 있을 것 같았다. 나는 낮에는 컨설팅을 계속하면서, 보스턴 대학의 재무설계 야간 프로그램에 등록했다. 커미션을 바탕으로 하는 중개보수와 보험 판매에 의존하는 사업 모델에 의문이 있었던 나는 고객 이익이 우선이라는 신용 규칙을 철저히 따르면서, 수수료만으로 운영하는 금융 자문 모델을 생각했다.

일을 할까? vs 가족을 돌볼까?

나는 20년 동안 해온 컨설팅 업무를 그만두는 게 경제적인 면에서 의미 있는 행동인지 의문이 들었다.

어느 날 오래된 컨설팅 고객 한 명이 내게 한 가지 기회를 제안했다. 이 부유한 기업인은 남은 생이 보장될 만큼 충분한 돈이 있었고, 자식들에게도 많은 신탁금을 줄 수 있을 정도였다. 그는 내게 자신의 신탁 계좌를 감독하면서 재무관리 경력을 시작해보라고 제안했다. 하지만 내가 하고 있는 모든 경영 컨설팅 업무를 그만두라는 조건을 걸었다. 개인 투자와 재무설계 업무만으로도 일이 벅찰 거라는 이유 때문이었다.

나는 장래에 고객이 될 만한 사람에게 연락해서 내게 일을 맡길 만한 고객들을 찾아냈다. 더는 경영 컨설팅에만 만족할 수 없었기 때문에 새로운 경력에 몰두하기로 했다.

금융 서비스업에서 가장 관심을 두는 점은 '매수와 매도를 발생시키는지'가 유일했는데, 나는 오랫동안 관계를 쌓을 수 있는 일을 원했다. 내 일로 고객이 경제적 이익을 얻었는지와 상관없이, 시간이 지날수록 고객과 좋은 관계를 맺을 수 있을까?

컨설팅으로 수익을 최대화하라는 아버지의 주장보다 어머니 말씀처럼 다른 사람들과 질적인 관계를 맺고 싶었다.

나는 자문가로서 행동재무학의 두 가지 통찰력이 매우 중요하다고 생각한다. 첫 번째는 잃은 것의 가치를 더 크게 평가하는 '손실 회피 성향'이다. 연구에 따르면 사람들은 돈을 잃을 때 같은 금액을 벌었을 때보다 훨씬 더 강렬한 감정을 느낀다고 한다.

나는 고객들에게 공격적으로 접근하는 태도를 자제하라고 조언한다. 상당한 손실 때문에 생활 방식에도 영향을 미치면 어떻게 할 것인가? 어려운 시기가 닥치면 공포에 질려서 모두 매도해버릴 것인가?

두 번째는 어떤 직업을 선택하는지가 재정 상황 및 인생의 만족도에 큰 영향을 미친다는 점이다. 다른 경력을 선택할 가능성을 고려하지 않고 같은 자리에 머물면 한계가 있다. 내가 스스로 터득한 교훈이다. 전문적인 일을 갖느냐, 가족에 헌신하느냐는 오랫동안 따져봐야 할 문제다.

아버지가 돌아가신 후 지난해 사촌의 아들이 내 어머니와 의붓어머니의 창고 사업 지분을 매수했다. 20년 동안 가족 사업 이사회에 마지못해 있었던 나는 마침내 자유를 찾았다.

이제 나는 66세다. 여전히 고객과 일하면서 가르치는 일을 즐기고 있지만, 하는 일을 더 확장했다. 지금은 성인 교육 센터에서 고령자를 위한 돈 관리법을 가르치며, 보스턴 지역 대학병원에서 레지던트도 가르치고 있다. 행동재무학 및 재무설계를 주제로 블로그 포스트와 기사도 쓴다. 나는 다른 사람의 금융 문제에도 관심이 많아서 '파이낸셜 크로스로드'라는 팟캐스트 시리즈도 시작했다. 자신이 거친 직업과 삶의 경험을 나누고 싶은 사람들을 인터뷰하는 게 내 목표다.

나는 많은 돈을 벌지는 못하지만 편안한 삶을 누릴 정도는 된다. 그리고 성공과 실패가 내 능력 밖의 일이라는 사실을 잊지 않으려고 노력한다. 내 목표는 내 열정을 따라 걸어간 길에서 일어나는 일들에 감사하는 것이다.

돈의 태도 세 가지

- 원하는 인생을 살려면 때로 최고의 수익을 희생할 필요가 있다.
- 다른 사람이 내 직업과 경제적 자유로 향하는 과정에 영향을 미치도록 놔두지 마라. 만족하는 삶을 살려면 현실에서 필요한 일과 자신의 열정을 따르는 일 사이에 균형을 잡아야 한다.
- 자신을 객관적으로 알려고 애써라. 엄격한 청사진을 고수하기보다 시간에 따라 목표를 발전시켜라.

돈의 태도 5

경제적 자유의 비결은 보상보다 위험 관리에 있다

Story 24 성공도 실패도 끝이 아니다

Story 25 누구나 투자 실수를 저지른다

Story 26 나의 투자 여정을 이끈 네 번의 행운

Story 27 나는 가난하게 죽지 않겠다

Story 28 고령화 시대의 나의 노후 전략

Story 29 값비싼 대가를 치르고 교훈을 얻다

Story 30 우리는 모든 투자 실수에서 배운다

고수익을 올리고 싶으면 그만큼 위험을 감수해야 한다. 하지만 위험을 감수한다고 보상을 받을 수 있을까? 가끔은 그렇지만 때로는 결과가 생각보다 대단치 않다는 사실을 이 장에서 확인할 수 있다. 수익을 높이려고 애쓰기보다는 위험 관리에 집중하는 것이 더 나은 전략이다.

Story 24

성공도 실패도 끝이 아니다

애덤 M. 그로스먼

Adam M. Grossman

자신만의 투자 기준을 찾은 사람. 고정 수수료로 운영하는 자산관리 회사 메이포트Mayport의 창립자다. 그는 근거를 바탕으로 돈을 다루라고 조언한다. 2017년부터 '험블달러'에 규칙적으로 글을 써서 무려 300개의 칼럼을 썼다.

돈에 대한 나의 첫 기억은 1980년대 초반으로 거슬러 올라간다. 나는 열 살 즈음이었고, 아버지와 부엌 식탁에 앉아 있었다. 변호사였던 아버지는 회사의 새로운 연금 제도 덕분에 고용인들이 스스로 투자할 종목을 선택할 수 있게 되었다고 설명했다. 좋은 생각처럼 들렸다. 아버지는 스스로 투자관리자가 되어 그 많은 선택지 중에서 알아서 고르는 일이 얼마나 어려운지 설명했다. 특히 주식 투자자들에게는 음울했던 1970년대 이후, 시장에 크게 투자하는 게 옳은 행동인지 분명하게 알 수 없었다. 지나고 보니 그때가 주식시장으로 뛰어들 적기였지만, 당시에는 이십 년간 이어질 약세장이 이제 막 시작되었음을 아무도 몰랐다.

그 이후 나는 주식시장을 훨씬 더 많이 알게 됐고, 이 일은 지금 내가 하는 일의 일부가 되었다. 하지만 솔직히 말하면, 나는 여전히 시장을 무엇이 진실이고 환상인지 분별하기 어려운 '거울의 방'으로 본다.

내가 투자에 관심을 두게 된 때는 바로 부엌 식탁에 앉아 있었던 그날이었던 것 같다. 그런 경험을 했어도 어릴 때 돈 문제를 많이 생각해보지는 않았다. 대학 등록금이 터무니없이 비싸지는 않았고, 부모님 덕분에 빚 없이 졸업할 수 있었다. 그러나 대학을 졸업하자 상황이 변했다. 나는 사람들이 보통 선택하는 직장에 취직하거나 대학원에 진학하는 대신에 사업을 시작하기로 했다. 이제까지 내가 즐겼던 그 평온했던 때와는 달라졌다. 마치 롤러코스터를 타는 것 같았다.

행운에 기대지 마라

나는 대기업에 직장 내 소셜 네트워크를 제공하는 소프트웨어 회사를 시작해서 제품 판매에 적당히 성공했고, 1990년대 후반에 투자도 받았다. 하지만, 회사를 충분히 키우기도 전에 2001년 '닷컴 버블 붕괴'가 덮쳤다. 당시 20대였던 나한테는 그렇게 큰일도 아니었다. 그 사업을 통해 많은 걸 배웠으니, 기쁘게 뭔가를 새로 시작할 수도 있었다.

다만 한 가지 문제가 있었다. 모아둔 저축금을 쓰려고 했을 때 그 돈이 증발해버린 것이다. 무슨 일이 일어났냐고? 1990년대에 나는 증권중개인과 함께 일을 시작했다. 그는 우리 가족의 친구였고, 집 앞에 있던 자동차 때문에 성공한 사람처럼 보였다. 나는 한동안 모든 게 잘 굴러간다고 생각했다. 그가 구성해준 포트폴리오 덕분에 1990년대 말까지는 돈이 계속 불어났다.

분산 투자를 거의 하지 않은 게 문제였다. 투자금의 절반 이상을 얼마 안 되는 기술주에 투자했는데 한꺼번에 곤두박질쳤다. 게다가 중개인은 내게 보유한 주식을 담보로 차를 사라고 했고, 전체 포트폴리오 가치가 0과 다름없게 되었다. 불행 중 다행이라면, 이후에 내가 재무설계사로 일하게 될 씨앗이 이때 마음속에 생겼다는 점이다.

나는 그 증권중개인이 시도하지 않은 모든 방법으로 사람을 돕고 싶다는 열정이 생겼고, 실제로 그 당시 내가 고객으로서 경험한 상황들과 정반대로 일을 처리한다. 포트폴리오를 설계하기 전에 고객의 요구사항을 최대한 구체적으로 이해하려고 힘쓴다. 주식을 선별해 그 주식에 집중 투자하는 대신, 펀드로 분산하는 방식을 취한다. 판매 비용이 부과되는 고비용 펀드보다는 저비용 인덱스 펀드를 고수하고, 시장 호황에도 과하게 투자하기보다 만약의 상황을 준비하는 편이다.

한쪽 문이 닫히면 다른 쪽 문이 열린다는 말은 상투적이지만, 종종 그런 일이 때맞춰 일어난다. 닷컴 버블 붕괴의 여파로 내가 사업을 다시 검토하던 때에, 다른 스타트업에서 회사의 도메인 이름을 사고 싶어 했다. 우리는 비싸지 않은 신형 자동차를 구매할 수 있을 정도의 돈을 받고 거의 거래 마지막까지 갔지만, 다른 스타트업이 상표권을 출원했다는 소식을 들은 구매자가 거래에서 손을 떼버렸다.

나는 한 변호사의 조언을 듣고 그 스타트업의 웹사이트에 있는 연락처로 메일을 보냈고, 회사 창업자에게 이메일을 받았다. 그는 대학생이었다. 시간은 좀 걸렸지만 우리는 협의할 수 있었다. 회사를 막 시작했던 그에게는 현금이 없었고, 당시 초반 사업 결과를 근거로 회사의 성장 가능성을 본 우리는 주식거래를 포함하기로 동의했다. 한참 동안 그 주식은 서랍 구석에 처박혀 있었는데, 시간이 지나면서 회사가 눈부신 성장을 거듭하더니 결국 주식시장에 상장되어 초창기 직원들과 투자자들을 모두 돈방석에 앉혀주었다.

얄궂게도 내 처음 증권중개인이 노린 게 바로 이런 투자였다. 기술주를 사서 유리병 속에 번개를 가두려는 대단한 희망을 품은 것이다. 기이한 방식으로 중개인의 전략이 입증됐지만, 나는 반대의 결론을 내렸다. 내 도메인 이름을 샀던 그 스타트업은 예외일 뿐이다. 분명 주가가 급상승하는 회사가 있기는 하다. 하지만 매년 창업하는 회사 수에 비하면 극소수이며, 현재 일반에 공개된 모든 회사와 비교해도 터무니없이 적다.

어떤 결정을 내릴 것인가?

중요한 건 내가 내린 결정이다. 데이터에 따르면 투자자들이 주식을 선별하기보다 인덱스 펀드에 투자하면 평균적으로 수익이 더 낫다고 하지만, 나는 주식을 선별할 때 느낄 수 있는 재미에도 푹 빠져 있었다. 중요한 건, 투자와 재미를 분리하고 각 경우에 발생할 불리한 점을 인지해야 한다는 것이다. 나는 개별 주식을 반드시 멀리해야 한다고 생각하지는 않는데, 어쩌다 한 번 로또를 산다고 해서 완전히 분별없는 일로 생각하지 않는 것과 같다. 그래서 나는 고객에게 이렇게 조언한다.

개별 주식을 선별해 투자하고 싶다면 별도 계좌를 만들어서 제한된 금액 안에서 해라.

그 회사가 상장된 후에 그 주식으로 내가 뭘 했을까?

내가 고객들에게 하는 조언에 따라 그 주식 지분을 대부분 매도해 분산했다. 아직은 내가 일을 하고 있었고 은퇴까지 시간이 많이 남았으니, 그 돈 대부분을 주식시장에 투자해 보유했다. 하지만 한 회사의 주식 대신 세계 시장의 주식을 대부분 보유한 뱅가드 인덱스 펀드를 골라서 중형주와 소형주 쪽에 치우쳐 조합하고, 뱅가드의 대형 가치주와 소형 가치주도 골랐다.

분산 투자한 결과 십 년 후 어떻게 되었는지 궁금한가?

내가 그 스타트업의 주식을 보유했다면 분명 실적이 좋았을 것이다. 그래도 나는 분산 투자를 후회하지 않는다. 투자자들은 다양하게 분산 투자한 것을 후회할 필요가 없다고 생각한다. 자신의 순자산 대부분을 잘 알지도 못하는 한 회사의 운명에 묶어버리는 일은 아무래도 손 떨리는 일이다.

지금 이 글을 쓰는 동안 그 스타트업의 주식은 거의 50퍼센트 아래로 떨어졌다. 내 지분 대부분을 매도했기 때문에 주가가 하락하는 상황에서도 나는 두 발 뻗고 편하게 잠을 자고 있다.

투자 포트폴리오는 이렇게 짜야 한다. 포트폴리오 이론의 선구자인 해리 마코위츠Harry Markowitz는 "분산 투자만이 투자 세계의 유일한 공짜 점심"이라고 말한 적이 있다. 또, 어떤 사람들은 "최적의 포트폴리오란 성장 가능성을 가진 것이 아니라 오히려 우리 삶과 나란히 가는 것"이라고 말했다.

내가 투자 이정표로 삼는 것

가족 소매업을 운영하셨던 할아버지는 틀에 얽매이지 않는 분이었다. 할아버지의 귤색 명함 한 면에는 커다란 글씨로 '웃자'라는 단어가 적혀 있었고, 반대 면에는 '성공은 끝이 아니며, 실패는 돌이킬 수 없는 것이 아니다'라는 윈스턴 처칠Winston Churchill의 인용구가 적혀 있었다. 윈스턴 처칠이 한 이 말은 개인 자산관리에도 적용된다.

연구 결과에 따르면, 한 가족의 연 소득이 7만 5,000달러를 넘기면 소득이 더 증가해도 행복해지지 않는다고 하는데, 나도 동의한다. 많은 사람이 어느 시점에는 잭 보글이 "충분하다"라고 말한 상태를 이루게 된다. 그래서 나는 S&P500을 투자 이정표로 삼지 않는다. 대신에 이보다 더 근본적인 이정표가 있다. 바로 나의 만족과 마음의 평화다. 그다지 정밀한 기준처럼 들리지는 않지만, 나는 이 기준이 옳다고 믿는다.

무엇이 사람을 행복하게 하는가? 인생 노년기를 맞이한 사람들을 관찰한 결과는 이랬다. 장성한 자녀의 집에 걸어서 갈 수 있는 거리에 살기, 손자녀 자전거 태워주기, 캠핑카 타고 산에 가기, 아이들을 차에 태우고 해변으로 여행 가기, 마라톤 연습하기, 시간제 일자리를 찾아 그냥 재미로 일해보기.

이렇게 말하는 내가 이상주의자처럼 보일 수도 있겠다. 은행에 돈이 많으면 혜택도 많아지는 건 엄연한 사실이다. 그중에는 조기 은퇴를 선택할 기회, 더 넓은 세상을 탐구할 기회, 대규모 자선 사업에 몰두할 기회 같은 혜택도 있다. 물론 균형이 필요하다. 이 모든 것이 경제적 자유로 향하는 길이다.

돈의 태도 세 가지

- 최적의 포트폴리오란 성장 가능성이 최대인 포트폴리오가 아니라 우리 삶과 나란히 가는 것이다.
- 고공행진을 하는 주식이 수익을 올리기 쉬워 보여 끌리겠지만, 그런 주식은 드물다. 인기 종목을 선별하려고 애쓰기보다 다양한 분산 투자가 현명한 전략이다.
- 경제적 성공의 기준은 S&P500보다 수익을 올리는 것이 아니다. 오히려 마음의 평화와 만족을 찾았는지가 중요하다.

Story 25

누구나 투자 실수를 저지른다

후안 푸르노 Juan Fourneau

실수를 통해 깨닫고 경제적 자유를 향해 성실히 나아가는 사람. 전직 프로레슬러로서 '라틴의 천둥'이라는 별명이 있으며, 25년간 프로레슬링을 하다가 최근 은퇴했다. 현재는 제조 회사에서 일하며, 휴일에는 투자 관련 책을 즐겨 읽는다.

내 인생 최악의 재무 실수

경제적 자유를 얻으려고 노력했던 과정을 이야기하자니, 지역 화학 공장에서 야간 근무를 했던 이야기나 프로레슬러로 먹고 살려고 수십 년간 노력한 극적인 이야기를 해서 독자를 즐겁게 해야 할지도 모르겠다. 하지만 이 모든 이야기보다 가장 중요한 이야기를 들려주겠다. 바로 내가 살면서 한 최악의 실수에 관한 이야기다.

2009년 대침체기에 나는 광고란에서 작은 사업체를 판다는 글을 읽었다. 최근에 문을 닫은 드라이브 스루 커피숍으로, 설비 소유자와 가게 주인은 가게를 운영할 구매자를 찾고 있었다. 해볼 만하다는 생각이 들었다. 당시에 나는 포플렉스Fourflex 아파트(네 가구가 붙어 있는 타운하우스)와 단독주택 두 채를 소유하고, 모두 임대를 놓고 있었다.

부동산 임대업에 이미 손을 대봤기 때문에 사업을 제대로 판단할 수 있다고 생각한 게 잘못이었다. 주인에게 커피숍에 관한 자세한 이야기를 들으면서 내 머리에 빨간불이 켜졌다.

주인은 잘나가는 지역 변호사였는데, 아직 가게의 임대 가격을 정하지 못했다고 했다. 나는 기본적인 정보도 없고 커피숍에 대해서는 아무것도 몰랐는데, 자만심 때문에 경고 신호를 무시하고 가게를 매수하려고 했다.

계산을 해봤는데, 공과금을 포함해서 가게 임대료로 한 달에 300달러면 비싸지는 않았다. 앉아서 마실 수 있는 자리는 없었고, 오로지 테이크아웃만 가능했다. 위치는 아이오와의 산업지구로, 평일에 지나가는 차량의 수가 어마어마했다. 게다가 바텐더와 웨이트리스로 일했던 경험이 있는 아내 덕분에 가게를 잘 운영할 수 있을 것 같다는 생각에 자신감이 넘쳤다. 오전 6시부터 정오까지만 영업하면 된다. 어림잡아 계산해보니 하루 100달러만 벌어도 남을 것 같았다.

설비 구매 가격을 9,000달러로 정하고 업소용 커피 원두 분쇄기와 가게에서 쓰고 있던 기타 물품 몇 가지를 구매했다. 아내와 나는 에스프레소 기계 작동법도 몰라서 캐나다에서 가게를 운영했던 사람을 교육 담당자로 고용했다. 그녀는 실력이 대단해서 나와 아내에게 최고의 라테 만드는 법을 상세하게 가르쳤지만, 라테를 겨우 몇 번 만든 게 전부인 우리가 커피숍을 운영했다고 생각하니 창피하다.

개업 첫날, 고객 한 명이 커피숍이 열렸다고 무척 좋아했고 우리는 우리가 만든 커피를 제공할 수 있어서 뿌듯했다. 하지만 고객의 주문이 끝나자 갑자기 두려워졌다. 잘나가던 가게가 왜 새로운 장소에서 어려움을 겪었는지 알 것 같았다.

이 여성은 우리 목표 고객인 부유한 전문직 종사자일 것이다. 하지만 이 근방에 전문직 여성은 별로 없었고, 거의 지나가는 차량의 운전자들이었다. 그들 중 대부분은 근처 공장으로 가는 남자들이었는데, 그런 사람들은 보통 라테는 안 마신다. 커피를 무료로 제공하는 회사도 있다. 게다가 교대 근무로 일하는 사람들은 보통 우리가 개점하는 시간보다 일찍 출근한다. 가끔은 100달러나 150달러를 벌기도 했지만 드문 일이었고, 커피 가격도 너무 저렴했다.

내가 얻은 것은 사실상 라테 숍이었다. 커피숍 매출의 90%가 라테에서 나왔다. 나는 가게를 매수하면서 이런 사실도 몰랐다. 스타벅스에서 2주일만 일해봤어도 커피 사업과 커피숍 운영 방법에 대해 훨씬 더 많이 알 수 있었을 것이다.

그 커피숍을 얻지 말아야 했다. 아니, 성공하길 원했다면 최소한 사업에 필요한 지식과 경험을 갖추어야 했다. 아무 준비도 되지 않은 상태에서 시작한 가게는 개점하고 3개월간 돈이 줄줄 샜지만, 내 완고한 성질 때문에 투자했던 돈을 회수하지 않고는 가게를 그만둘 수가 없었다. 사업이 엄청나게 잘되기를 기대하지는 않았지만, 임대 기간은 채우고 싶었다.

그게 실수였다. 그 사업은 운이 다했다. 우리가 주요 타깃이라고 생각한 고객은 그 지역에는 없었다. 심지어 아내는 임신으로 가게에서 일하는 시간이 줄었고, 그러다가 전혀 나오지 못했다. 여름이 끝나고 매출은 계속해서 내려갔다.

한편 상당히 실적이 좋았던 내 직장퇴직연금도 14만 7,000달러에서 내가 가게를 매수한 시기인 2009년 5월에는 9만 달러로 뚝 떨어졌다. 나는 직장퇴직연금으로 회사 주식을 여러 개 가지고 있었는데, 회사도 그해 여름 중국 경쟁사들로 어려움을 겪으면서 내 직장퇴직연금은 7만 5,000달러로 더 내려갔다.

퇴직연금 포트폴리오도 타격을 받았지만, 임신한 아내에게도 어려운 일이 닥쳤다. 신장결석이 생긴 것이다. 커피숍에서 입은 손해로 식료품 비용과 전기세, 주택담보대출도 밀렸다. 대안이 없었다. 나는 가치가 뚝 떨어진 최악의 타이밍에 직장퇴직연금 계좌에서 돈을 인출할 수밖에 없었다. 투자금이 오를 거라고 믿었지만, 청구액이 계속 쌓여서 질질 끌 시간이 없었다.

2010년 1월 아들이 태어났을 때, 임대 계약이 끝나는 4월 말까지 가게를 내놓거나 문을 닫을 수밖에 없었다. 다행히 우리가 매수한 가격의 절반을 지불하겠다는 젊은 구매자를 찾았다. 나는 우리가 운영했던 그해에 수익을 낼 수 있게 가게 운영 실패에 관해 정직하게 이야기해주었다.

레슬링 시합과 머니 게임은 다르다

나는 사업을 새로 시작하는 거의 모든 사람이 좌절과 실패를 겪는다는 말을 이해하게 되었지만, 내 실수와 무지, 약점들로 초라해진 내 모습은 견디기 힘들었다. 내 잘못된 판단으로 가족과 사랑하는 사람들이 고통받는 모습을 보는 것이 너무 괴로웠다.

1965년 내가 태어나기도 전에 어머니와 아버지는 아이오와로 왔다. 이곳에 사는 라틴 아메리카계 가족들에게는 다들 비슷한 이야기가 있다. 그들은 대개 텍사스 남부나 멕시코에서 가족의 미래를 나아지게 할 직업과 기회를 얻으려고 노력했다. 많은 이들이 아이오와에서 기회를 발견해서 그 기회가 대대로 이어져 내려왔다. 모두 집을 사고 가족을 살피고 아메리칸 드림을 품고 살았다. 이제 나는 남편이자 아버지가 되어 그분들이 견뎌야만 했던 그 힘든 시절에 놀라워하며, 지금 내게 주어진 어려운 시기를 받아들이겠다고 생각했다.

종종 아버지가 하신 말씀을 생각했다. "앞으로 나아가렴." 나는 앞으로 나아가기 위해 내가 해야 할 일에 집중하려고 했고, 출근할 때마다 다짐했다. '내 힘으로 꼭 해결하고 말겠어.'

다행히 직장퇴직연금은 서서히 회복되었다.

나는 패배자가 아니다. 하지만 내가 커피숍을 운영하면서 느꼈던 감정과 비슷한 감정을 레슬러 경력에서도 느낀다. '해내지 못했다'고. 몇십 년 동안 나는 어떤 멘토에게도 배우지 못하고 연습만 했다.

그러다 2019년에 좋은 기회가 생겨서 드디어 재능 있는 젊은 레슬러와 경기하며 발전할 수 있는 환경에서 훈련하게 됐다. 그리고 마흔아홉 살이 된 나는 늙어가는 몸을 느끼며 내 레슬러의 삶이 끝나간다고 느꼈다.

하지만 내 레슬러 경력과 반대로 머니 게임은 정신만 예리하다면 언제까지나 할 수 있다는 멋진 장점이 있다. 실수를 두려워할 필요 없다. 실수에서 교훈을 얻고 계속 나아가면 된다. 나도 내 자만심을 줄이며 나아가려고 노력한다. 최근에도 매매 표지판이 세워진 세차장 옆을 지나면서 차를 멈추지 않고 운전했다.

나는 포플렉스 아파트와 단독주택 여덟 채로 괜찮은 부동산 임대 사업을 하고 있다. 부동산 관리는 다른 사람에게 맡기고 나는 가족과 일, 건강 관리에 더 신경을 쓴다. 내 부동산 관리자들은 나보다 훨씬 더 수완이 좋고 그 일에 잘 맞는 기질을 갖고 있다고 믿는다. 임대 주택 두 채는 빚 없이 깔끔하다. 나머지 임대 주택 여섯 채의 대출금까지 모두 갚아서 은퇴 자금에 도움이 되도록 하는 것이 장기적인 목표다.

나는 지금부터 6년 후, 55세가 되면 일하고 있는 화학 공장에서 은퇴할 예정이다. 내게는 직장퇴직연금뿐만 아니라 로스 개인퇴직연금 계좌와 증권 계좌가 있는데, 은퇴 초기에는 두 계좌의 저축금으로 생활하고 이후에 사회보장연금을 신청하려고 한다. 우리에게는 매달 약 3,000달러의 임대 소득도 있고 내 연금도 800달러는 될 것이다.

아무 준비도 없이 커피숍을 매수하는 실수를 저질러서 직장퇴직연금에 손대지 않았다면 55세보다 더 일찍 은퇴할 수도 있었을 것이다. 하지만 내가 그 어리석은 투자를 안 했다면, 내 자만심 때문에 그보다 더 큰 실수를 저질러서 완전히 주저앉았을 수도 있다.

우리는 모두 실수를 저지른다. 내게는 그런 실수가 좀 더 일찍 찾아왔고 값비싼 대가를 치렀지만, 실수에서 배울 수 있어서 오히려 감사하고 있다.

돈의 태도 세 가지

- 경제적 자유를 얻으려다가 실수를 저질렀다면 손실이 더 커지기 전에 재빨리 그 일에서 손을 떼야 한다.
- 주식은 단기적으로는 참혹한 결과를 가져오지만, 장기적으로는 최고의 투자다. 촉박하게 주식과 주식형 펀드를 처분해야 할 상황이 닥치지 않도록 조심하라.
- 경제적으로 성공했을 때는 자만하지 않도록 애써라. 자만심은 위험한 투자를 부르고, 그것으로 또다시 괴로움에 빠진다.

Story 26

나의 투자 여정을 이끈 네 번의 행운

찰스 D. 엘리스 Charles D. Ellis

긴 투자 여정의 끝에서 자신이 가장 만족할 만한 투자처를 찾은 사람. 65만 부가 팔린 투자 서적의 고전《패자의 게임에서 승자가 되는 법》의 저자. 연간 22조 원을 운용하는 예일대 투자위원회 위원장이자 뱅가드 그룹 이사로 활약했다.

내 투자 여정에는 '행운'이 꼭 따라다녔다. 인생의 단계마다 나를 이끌었던 이 행운은 부모님이 저축과 합리적으로 지출하는 법을 가르쳐주면서 시작됐다. 게다가 교육을 중요하게 생각한 부모님 덕분에 나는 예일 대학과 하버드 경영대학원에서 학업을 마칠 수 있었고, 졸업 후 록펠러 패밀리오피스의 주니어 분석가로 일할 수 있었다. 내가 가장 흥미로워했던 투자의 세계로 들어간 것이다.

1960년대 초반 하버드 경영대학원에는 투자 강의가 없었다. 투자를 꼭 배워야겠다고 다짐하고 있었는데, 회사에서 뉴욕 대학교의 야간 강의를 지원해준 덕분에 몇 년 동안 박사학위 공부도 할 수 있었다. 시기적절하게 공부하는 행운도 누린 셈이다. 그즈음 도널드슨, 러프킨&젠레트Donaldson, Lufkin&Jenrette에 일자리를 얻어 마침내 월스트리트로 들어갔다. 그곳에서는 수십 명의 고객에게 배우는 의외의 행운도 누렸다.

첫 번째 행운은 회사 연례행사인 '3일 세미나'를 내가 주최했을 때 찾아왔다. 손꼽히는 포트폴리오 관리자들이 한자리에 모여 투자를 주제로 토론하는 세미나였는데, 나는 이후 30년간 그 세미나를 주최했다. 세미나 한 세션이 끝나고 휴식 시간에 투자 회사 밀러, 앤더슨&셰러드Miller, Anderson&Sherrerd의 공동 창립자인 내 친구 제이 셰러드Jay Sherrerd가 내게 "네프Neff를 엄청 저렴한 가격에 살 수 있다는데?"라고 했다.

역대 최고의 뮤추얼 펀드 관리자로 알려져 있던 존 네프John Neff는 쌍둥이 신화에 나오는 이름을 따서 '제미니Gemini'라고 이름 붙인 이중 목적 폐쇄형 펀드Dual-purpose Closed-end Fund를 선보였다. 제미니에 투자한 투자금 절반은 모두 배당금으로 받고, 나머지 절반은 모두 자본이득으로 받는 것이었다. 손실도 마찬가지였다. 심각한 약세장 때문에 존의 전문 투자 영역인 가치주가 크게 타격을 받으면서 제미니의 자본지분도 타격을 입었다. 제미니는 일반 뮤추얼 펀드가 아니라 폐쇄형 펀드여서 그 지분만큼 주식시장에서 거래되고 있었는데, 1974년 당시 자본지분은 가치가 이미 하락해 버렸기 때문에 상당히 낮은 가격에 거래되고 있었다.

운이 좋게도 나는 존을 잘 알고 있었다. 존은 시장을 능가하며 상당히 좋은 실적을 기록했고, 위험을 이해하고 관리하는 일에도 세심한 주의를 기울이는 사람이었다. 내게는 특별한 기회였다. 나는 시장이 과매도 상태이며 특히 존의 전문 분야인 가치주가 과매도되고 있다고 생각하면서, 시장이 20퍼센트 이상 더 하락하지 않으리라고 예측했다. 그래서 신용거래로 제미니에 모두 투자했다. 몇 달 사이 약세장이 강세장으로 변했고, 가치주는 전체 시장 실적을 능가했다. 존이 선별한 주식들은 일반 가치주를 능가한 수익을 올렸다. 덕분에 이중펀드 구조가 주는 이중 지렛대 효과를 누렸는데, 나는 신용거래를 이용했기 때문에 효과적인 방법으로 수익이 몇 배가 됐다. 내가 처음으로 눈에 띌 만한 투자 성공을 한 사례다.

억만장자 샌디 고츠먼과의 점심 식사

두 번째 경험은 내 투자 여정에 찾아온 진정한 행운이었다.

투자자문 회사 퍼스트 맨해튼First Manhattan의 유명한 시니어 파트너이자 1972년 내가 창립한 자문 회사 그리니치 어소시에이츠Greenwich Associates의 고객이었던 억만장자 샌디 고츠먼David Sanford Gottesman과 점심 식사를 하게 됐다. 나는 이 기회에 샌디 고츠먼이 회사 주식 중개 업무에 대한 우리 조언을 선택해주기를 바랐다. 그러나 그는 이렇게 말했다.

"올해는 당신 회사와 재계약하지 않겠소. 왜 그런지 알려주리다. 우리 회사는 독창적인 투자 아이디어가 있는지에 중점을 두고 있는데 당신들의 조사 결과를 보면, 전체 산업체를 전부 포괄하도록 구성하라고 했죠? 그러기 싫소. 너무 위험해요."

주문한 점심이 나오기도 전에 대화는 완전히 끝나버렸다. 그러나 샌디가 투자에 크게 성공한 걸 알고 있었던 나는 그에게 투자 경험을 이야기해달라고 부탁했다. 그는 한 단어를 툭 던졌다.

"버크셔."

나는 워런 버핏과 버핏 파트너십Buffett Partnership에 관해 들어본 적이 있어서 계속 질문했다.

"버크셔 해서웨이Berkshire Hathaway에 얼마나 투자하셨습니까?"

"오랫동안."

"얼마나 오랫동안 소유할 생각이십니까?"

"영원히."

점심을 먹는 동안 샌디는 내게 버크셔 이야기를 들려주었다. 워런 버핏은 1965년 망해가는 뉴잉글랜드 직물 회사를 인수해서, 일찍부터 보험에 관심을 두고 투자 기구로 탈바꿈시켜 수많은 투자 성공을 끌어냈다. 이어서 그 보험 회사의 '플로트Float'(보험계약자가 미래에 청구하는 것으로 책정된 돈)로 추가 투자를 하면서, 결국 오늘날 세상에서 가장 큰 기업이 되었다.

샌디가 조언을 해준다는 자체가 대단한 일이었기 때문에, 이 또한 내게 완벽한 행운의 순간이었다.

나와 내 파트너들은 작은 우리 회사가 수익이 높지 않을 때를 대비해 비상 자금을 모아두기로 정했다. 영업 손실이 발생하더라도 여기저기서 자금을 모으기 위해 애쓰고 싶지 않았다. 총 비상금은 겨우 십만 달러였지만, 위급 상황에 버티기에는 충분하다고 생각했다.

우리는 연말 보너스를 몇 달 늦게 받으면서 비상금을 조금씩 늘렸다. 그 돈을 안전한 주식에 투자하고, 내가 포트폴리오를 추천하기로 했다. 샌디가 버크셔를 영원히 보유하기로 한 이유를 내게 설명해주었을 때, 나는 고민하지 않고 전체 자금을 버크셔에 투자했다. 거의 50년에 걸친 성과는 탁월했다. 우리 투자금의 300배가 넘었기 때문이다.

나를 구한 단순한 투자 전략

세 번째 행운은 내가 했던 투자에서 손해를 보지 않았다는 점이다. 나는 뱅가드의 인덱스 펀드에 투자해서 이 행운을 손에 쥐었다. 지난 20년 동안 적극적으로 관리한 주식형 뮤추얼 펀드 중 거의 90퍼센트가 시장 평균에 턱없이 못 미쳤다. 나는 인덱스 투자가 어마어마한 손실에서 나를 구해주리라고 믿었다. 인덱스 투자는 시간과 고민도 줄여주었다. 버크셔 투자 외에 내 투자 전략은 언제나 단순했다. 인덱스 투자였다.

내 생애 가장 멋진 투자

마지막 행운은 뜻밖의 이야기일지도 모르겠지만, 이런 일을 할 수 있다는 사실이 내게는 대단한 행운이었다. 재능 있는 젊은이들에게 장학금 혜택을 주는 일이다. 젊은이들이 최고의 교육을 받고 자신의 재능을 최대한 활용해 우리 사회를 더욱 탄탄하게 만드는 훌륭한 방법이다. 수혜 대상이 아닌 사람들도 결국 만족하는 사회가 될 수 있다.

나는 우수한 젊은이에게 장학금을 지급하며 기쁨을 느끼고 있다. 우리 부모님이 교육을 중요하게 생각해 내게 최고의 교육을 받도록 매 단계 애써주신 덕분에 나는 큰 성공을 이루게 되었다. 이렇게 다른 이들과 나누면서 내가 더욱 행복해지니 값진 선물이 아닐 수 없다. 얼마나 멋진 투자인가!

돈의 태도 세 가지

- 우리는 대부분 미스터 마켓이 부리는 단기 술수에 빠져 경제가 지닌 장기적인 영향력이 얼마나 중요한지 놓치고 만다. 결국, 끊임없이 투자 종목을 바꾸며 비싼 수수료와 높은 세금만 물게 된다.
- 우리는 주가가 어떻게 돌아가는지 모른다는 사실을 기억하라. 우리가 아는 내용이라면 전문가들도 알고 있고 주가에도 이미 반영되었다.
- 성공적인 장기 투자는 세 가지 전략에 달렸다. 첫째, 저축을 가장 우선시하라. 둘째, 실현 가능한 목표를 세우고 목표를 이룰 수 있는 투자 방침을 정하라. 셋째, 자신이 세운 투자 방침을 끝까지 밀고 나갈 통제력을 키워라.

Story 27

나는 가난하게 죽지 않겠다

윌리엄 번스타인 William Bernstein

'검은 월요일' 이후 꾸준하게 목표를 향해 나아간 개인 투자자 겸 전설적인 투자이론가. 신경재활학 의사 겸《투자의 네 기둥》,《군중의 망상》의 저자이자 에피션트 프런티어 자문 회사Efficient Frontier Advisors의 공동 창립자다. 〈머니 매거진〉과 〈월스트리트저널〉에 칼럼을 기고하며, 금융 서적 여러 권을 출판했다.

1941년 12월 7일(진주만 공습), 1963년 11월 22일(케네디 대통령 암살 사건), 2001년 9월 11일(9.11 테러)을 살았던 사람은 누구나 그날 자신이 어디에 있었는지 기억하는 것처럼, 어느 정도 나이가 있는 투자자라면 1987년 10월 19일, 주가가 대폭락한 '검은 월요일'도 기억할 것이다. 내가 그날의 진료 기록을 막 다 적었을 때, 동료가 전화를 걸어서 이렇게 말했다.

"오늘 다우존스 산업 평균지수가 폭락했는데 괜찮았어?"

그날 다우존스 산업 평균지수는 하루 만에 508포인트(미국 증시 사상 1일 최대 하락률인 22.6%)가 떨어졌다. 내 순자산은 겨우 몇 시간 만에 몇십만 달러 대로 내려앉았다. 이때, 이런 생각이 떠올랐다.

다우존스 산업 평균지수 2,700포인트에 주식을 사고도 속이 편했으면, 1,800포인트가 되었으니 더 편해야 하지 않나?

그래서 숨을 죽이고 주가를 자주 들여다봤는데, 계속해서 실수했다. 시장 타이밍을 예측하는 소식지를 읽고 시장을 예측해보고, 매일 변하는 주가에 내 마음도 따라서 오르락내리락하게 놔뒀다. 게

다가 1989년 한낱 해프닝으로 끝나버린 '상온 핵융합'에 대한 기대에 사로잡혀 팔라듐 실험에 미래를 걸었다.

그래도 경제적 자유를 얻기 위한 과정은 거기서부터 차츰 나아졌으니 나는 운이 좋았다. 나는 버턴 말킬Burton Malkiel과 잭 보글의 책을 읽고 '금융학'이라는 학문의 세계로 몰입했고, 혼자 스프레드시트를 익혔다. 지금에 비하면 쓰는 사람이 거의 없었다.

저비용 패시브 펀드뿐인 내 포트폴리오에 수익이 나기 시작했다. 게다가, 1990년대 초반에 우연히 읽은 찰스 맥케이Charles Mackay의《대중의 미망과 광기》덕분에 몇 년 후에 닥칠 닷컴 버블 붕괴에도 동요하지 않을 수 있었는데, 우연치고는 멋진 우연인 것 같다.

이런 행운이 있었지만, 더 잘해볼 수도 있었을 것이다. 지금부터 얘기하려는 두 가지 교훈을 깨닫기까지 십여 년이 걸렸다. 미리 알았더라면 내 여정이 지금보다는 편하지 않았을까 싶은 것들이다.

첫 번째 교훈: 실행 가능한 차선의 포트폴리오가 꿈만 꾸는 최적의 포트폴리오보다 낫다

장기적으로 볼 때 주식 비중이 높은 포트폴리오가 수익률도 높다는 것은 실제로 맞는 말이다. 문제는, 모든 일에 자만하는 우리 인간도 자신의 위험감수성향까지 과하게 믿으면서 성공을 위해 미친 듯이 달려들지는 않는다는 점이다.

금융 저널리스트 프레드 쉬드Fred Schwed의 유명한 경고를 잊지 말자.

"무언가를 처음 겪는 사람에게는 말이나 그림으로도 적절하게 설명할 수 없는 일들이 있다. 자신이 소유했던 어마어마한 돈을 실제로 잃는 일이 어떤 느낌일지 비슷하게라도 설명할 수 없다."

지난 40년 동안 나는 성공하는 포트폴리오란 살아남는 포트폴리오라는 것을 깨달았다.

이따금 신문에서 최근 사망한 수위이자 비서, 유치원 교사로 일했던 분이 수백만 달러의 유산을 기부해 자선단체를 놀라게 했다는 기사를 볼 수 있다. 이런 이야기에는 항상 두 가지 공통 요소가 있다. 첫째는 '고인의 검소함'(버스와 지하철을 이용했다는 일화가 꼭 나온다)이고, 둘째는 거의 '반세기 동안 투자'를 했다는 사실이다. 또, 혜성같이 등장해 우수한 실적을 올리다가 몇 년만 지나면 빛을 잃어버리는 스타급 자산관리자의 이야기도 자주 읽을 수 있다.

전자와 후자의 다른 점은 무엇일까? 첫 번째에 해당하는 사람들은 자신의 포트폴리오가 복리의 마법으로 오래 살아남을 것을 믿었다. 이를 위해서는, 역겨운 금융 사건으로 시장의 시스템이 망가지는 상황에도 견딜 수 있는 포트폴리오를 구성하는 것이 가장 좋은 방법이다.

한 가지 비유를 더 들겠다. 금융시장은 당신의 자산을 싣고 현재의 당신에서 미래의 당신에게 배달하는 자동차와 같다. 도로는 얼음으로 미끄럽고 커다랗게 움푹 파인 곳도 있다. 빨리 운전하면 목적지에 훨씬 일찍 도착할 수 있을지도 모르지만, 그다지 좋은 생각은 아니다.

두 번째 교훈: 포트폴리오를 엄격하게 구분해서 심리적인 영향을 받지 않도록 하라

나는 수십 년 동안 금융 분야 종사자가 말하는 지혜에 따라 내 자산이든 고객의 자산이든 모든 자산을 아우르는 하나의 종합 포트폴리오를 구성했다. 하지만, 나는 마음속으로 해당 포트폴리오를 두 가지 전혀 다른 자산으로 나눈다.

신체와 정신을 유지하는 데 필요한 '안전자산'과 십여 년 동안 내 소비를 위한 '모험자산' 두 가지다. 자산 배분을 할 때 심리적 안정을 얻는 이 손쉬운 방법을 '두 바구니 접근법'이라고 한다. 즉, 기본 욕구를 충족하기 위한 은퇴 바구니와 열망과 바람을 채우기 위한 모험 바구니가 필요하다는 것이다. 모험 바구니는 BMW 자동차나 비행기 일등석, 미래 세대를 위한 투자 등이다.

투자 분야의 영적 스승이자 작가인 찰스 D. 엘리스는 투자 게임에서 이기려면 세 가지 방법 중에서 반드시 하나를 따르라고 했다. 첫째, 현명해지거나, 둘째, 더 열심히 일하거나, 셋째, 다른 사람들보다 감정을 잘 다스릴 수 있거나.

첫 번째와 두 번째 방법은 따라 할 수 없다. 월스트리트에는 주당

90시간씩 일하는 IQ 175인 사람들이 수두룩하다. 하지만 감정 게임에서 이기는 것은 해볼 만하다. 주가가 반 토막이 난 후 이렇게 말할 수 있으면 된다. "이제 몇십 년 동안 주식 실적을 따질 필요가 없겠네. 이제 포트폴리오만 잘 관리하고 있으면 될 거야."

이렇게만 할 수 있으면 잠도 편히 잘 수 있고, 주가는 결국 회복될 것이다. 그때 일부를 매도해서 안전한 포트폴리오로 구성하면 된다. 포트폴리오의 핵심 목적은 '살아남는 일'이라는 것을 명심하라. 산처럼 쌓인 '잠자는 돈'보다 더 나은 포트폴리오는 없다.

이 전략은 다양하게 해석할 수 있으며 인생의 시기마다 다르게 적용된다. 한 젊은이는 이렇게 말할지도 모르겠다.

"잠깐만요. 내 포트폴리오는 아주 작아요. 내가 가진 안전자산으로는 석 달도 못 견뎌요."

사실이다. 하지만 이 젊은이는 채권처럼 안전한 자산을 인적자본의 형태로 산더미처럼 가지고 있으나, 은퇴 포트폴리오로는 작게 보이는 것뿐이다. 오늘 그의 포트폴리오에 구멍이 뚫린다고 하더라도 무슨 상관인가? 지금부터 30~40년 후에는 모두 괜찮아질 테고, 오늘 적은 금액에 보탠 돈이 앞으로 젊은이가 하는 모든 투자 중에서 최고의 자산이 될 것이다.

인적자본이 남지 않은 은퇴자의 경우는 전혀 다른 상황이다. 은퇴라는 어려운 시기를 끝까지 지켜주는 안전자산을 많이 모아두는 게 좋다. 얼마나 많아야 하는가? 광범위한 미국 주식시장에서 주가 최고점에서 최저점까지의 낙폭을 보여주는 다음 도표로 살펴보자.

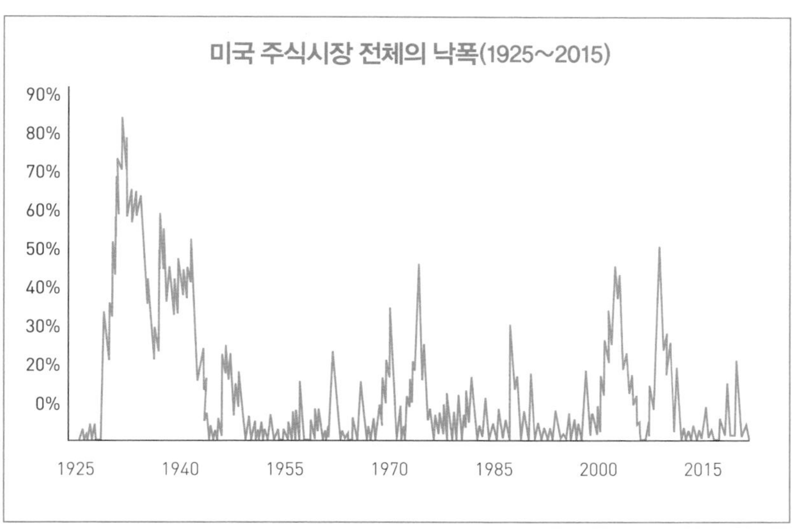

손실은 즉각 회복되지 않는다. 주식의 구매력은 1930년대에 약 25퍼센트, 1970년대에서 1980년대 사이에 35퍼센트, 2007년에서 2009년 동안 45퍼센트까지 상당히 떨어졌다. 왜 그럴까? 20세기 초반에 1달러를 주식시장에 투자하면 연에 약 5센트가 배당금으로 돌아왔다. 주가가 하락하더라도 배당 수익 5퍼센트가 주가 손실의 완충 작용을 했는데, 수십 년 동안 2센트 아래로 뚝 떨어져 완충 효과가 훨씬 줄어들었다.

거의 한 세기 전에 경제학자 존 메이너드 케인스John Maynard Keynes는 주식 소유에 관해 이렇게 말했다.

"소유한 주식의 가치가 떨어져도 자책하지 않고 침착하게 받아들이는 일이 때로 진정한 투자자의 의무다."

시장 타이밍을 알아차려서 이런 낙폭을 피할 수 있다고 생각하는가? 다시 생각해보자. 거의 한 세기에 걸친 연구 결과에 따르면 그런 일을 지속해서 했던 사람은 없었고, 월스트리트 묘지에는 단 한 번의 기막힌 행운으로 명성을 얻고 그 후 수십 년간 떠들썩한 억측만 늘어놓다가 사라진 사람들의 잔해로 가득하다.

은퇴 이후를 위한 단 하나의 철칙

이제 이 두 가지 교훈이 젊은 투자자와 나이 든 은퇴자에게 어떤 의미인지 살펴보자. 젊은 투자자는 자신의 실제 위험감수성향을 파악할 필요가 있다.

주식 50퍼센트, 채권 50퍼센트로 은퇴 포트폴리오를 시작해 약세장에 어떻게 반응하는지 살펴본다. 주식을 좀 더 매수해서 주식 75퍼센트, 채권 25퍼센트까지 주식의 구성 비율을 더 높일 수 있는가? 그렇다면 좋다. 다음 단계를 기다렸다가 다시 반복한다. 간신히 버텼는가? 그렇다면 50퍼센트, 50퍼센트 비율이 적당하다. 당황해서 매도해버렸는가? 그러면 50퍼센트, 50퍼센트는 너무 공격적인 포트폴리오다.

나같이 늙은 투자자의 경우 상황은 좀 더 복잡하다. 사회보장연금, 회사 연금에서 나오는 소득과 함께 '연금 삼관왕'(Retirement trifecta, 적극적인 저축, 현명한 투자, 효율적인 세금 납부로 연금 관리를 잘

한 경우)을 달성한 은퇴자가 백만 명일 텐데, 이들의 월 연금 지급금은 생활비와 세금을 합한 금액과 비슷하거나 그 이상이다. 이들의 투자 포트폴리오는 엄밀하게 말하면 본인 소유가 아니다. 오히려 상속인, 자선단체, 아니면 나라의 손아귀에 들어갈 운명이다.

주식에 얼마를 배분할지는 운 좋은 은퇴자에게는 아무 상관이 없지만, 은퇴할 시점에는 이들도 자신의 위험감수성향을 생각해봐야 한다. 과거에 했던 대로 주식에 100퍼센트를 투자한다면 신의 은총을 비는 수밖에 없다.

생활비로 쓰기 위해 포트폴리오에서 2퍼센트 미만의 금액을 인출해야 하는 경우도 같은 이야기가 적용된다. 긴급상황을 위해 현금을 조금 떼어놓고 100퍼센트를 주식에 투자한다고 해도, 주식에서 나오는 배당 유입금이 2퍼센트 정도고, 배당금은 오래 이어지는 심각한 약세장에서도 그다지 줄어들지 않는다. 감정만 잘 다스릴 수 있다면 역시 괜찮은 방법이다.

안전자산에 10년 동안 버틸 생활비밖에 남지 않은 경우라면 어렵다. 15년 동안 버틸 생활비가 있다면 조금 낫고, 20년 동안 버틸 생활비가 있다면 적당하다. 일단 은퇴 바구니를 채웠다면, 모험 바구니를 불려도 좋다.

은퇴 기간을 견디려면 우선 포트폴리오가 살아 있어야 한다는 사실을 절대 잊지 마라. 투자 위기를 해결하기보다 러시안룰렛 게임을 하며 포트폴리오에 더 큰 위험을 무릅쓴다면 피할 수 없는 대가를 치를 것이다.

이것이 1987년에 불벼락을 맞은 후 35년간 저축하고 지출하면서 평생에 걸쳐 내가 했던 노력을 정리하고 얻은 결론이다. 가끔 나는 사람들에게 머니 게임에서 이겼다면, 이제 진짜 써야 할 돈으로 게임을 하지 말라고 말한다.

나는 현재 70대다. 재정적으로 안전하게 살아남는 게 더 중요한 상황이라서 20년 동안 쓸 생활비는 채권과 현금 투자로 보유하고 있다. 그러니 내가 부자가 될 일은 없다. 대신에 더 중요한 일은 완수했다. 가난하게 죽을 확률은 줄였다.

돈의 태도 세 가지

- 최상의 포트폴리오는 최고의 수익이 아니라, 격변하는 시장에서도 살아남아 장기 투자의 복리 혜택을 선사하는 것이다.
- 더 부자가 되겠다는 목표가 아니라 가난하게 삶을 마무리하지 않겠다는 목표를 세워라. 이 목표를 위해서 자신이 써야 할 돈으로 게임을 하지 마라.
- 포트폴리오를 두 개의 바구니로 생각하라. 지금부터 10년 이상의 지출을 감당할 바구니와 가끔 닥쳐오는 힘든 시기를 꾸려갈 바구니가 필요하다.

Story 28

고령화 시대의 나의 노후 전략

제임스 맥글린 James McGlynn

고령화 시대에 맞춰 노후를 적극적으로 준비한 사람. 퇴직설계 서비스 등을 제공하는 넥스트 쿼터 센추리Next Quarter Century, LLC의 CEO다. 30년간 뮤추얼 펀드 관리자로 일했고, 《베이비부머 세대를 위한 은퇴설계 팁》을 썼다.

나는 카스웰 공군기지에서 태어났고, 사랑이 가득한 부모님 덕분에 좋은 공교육을 받으면서 안정된 가정에서 자랐다. 30년이 넘는 세월 동안 자산관리와 관련된 일을 했지만, 고등학생 때는 관심이 없었다. 유일한 경험은 네 학기 동안 회계학 기초 수업을 수강한 게 전부였고, 대학에 갈 생각도 없었다. 그러나, 최저 임금을 받는 몇 가지 일을 하면서 대학에 가서 경영학 공부를 해야겠다고 마음먹었다.

정작 대학에 입학한 후에는 회계와 금융 중 무엇을 자세히 공부할지 정하지 못했다. 두 가지 길이 있었다. 하나는 공공 회계를 공부하고 아서 앤더슨을 포함해 당시 유명했던 '빅 에이트Big eight' 회계법인에 들어가는 길이었고, 다른 하나는 금융 및 투자를 공부하는 길이었다. 그때는 주식시장이 몇 년 동안 침체된 상태였는데 결국 투자 쪽으로 마음이 기울었다.

이 결정에 영향을 미친 것은 대학 졸업 전 들었던 마지막 수업이었다. 그 수업은 현대 포트폴리오 이론 수업이었는데, 수업에 흥미를 느낀 나에게 교수가 졸업 후 대학 기부금 펀드에서 일하면 어떻겠냐고 제안했다. 이 탁월한 조언 덕분에 내가 거친 두 가지 직업 중 첫 번째 직업인 자산관리사 경력을 시작할 수 있었다.

고령화 시대에 맞춘 세 가지 노후 대비 전략

자산관리사로 일하면서 나는 개인퇴직연금 계좌를 만들고 뮤추얼 펀드에 투자했다. 결혼한 후에는 그동안 쌓은 투자 경험과 공인재무분석가 자격증으로 내가 사는 지역에서 가장 큰 자산관리 회사로 자리를 옮겨 S&P500 인덱스 펀드에 정액분할투자도 했다. 본격적인 은퇴 준비를 위해서였다.

나는 자산관리사로 35년 동안 일하고, 55세에 은퇴했다. 하지만 여전히 할 일이 많다고 생각해서 은퇴설계 경력을 살리기로 했다. 스스로 활용할 은퇴 전략과 은퇴 상품을 찾고 싶어서 내린 결정이었다. 새로운 진로를 준비하기 위해 퇴직소득공인전문가 자격증에도 도전했다. 사회보장연금과 노인의료보험, 장기요양보험, 연금 및 포트폴리오 인출 전략 등 은퇴와 관련한 모든 내용을 다루는 세 종류의 시험을 통과해야 했다. 쉽진 않았지만, 덕분에 투자 상품과 보험 상품을 더 잘 분석하고 은퇴자에게 맞는 상품을 적절하게 제공할 수 있게 되었다.

그리고 상품을 연구하면서 내가 진짜 원하는 게 무엇인지 귀 기울였다. 은퇴를 앞둔 사람들처럼, 나도 내 재정 상태에 고민이 아주 많았다. 무엇보다 내 저축금을 전부 써버리면서까지 오래 살고 싶지는 않았다. 장기 돌봄에 드는 막대한 비용을 걱정하지 않을 수 없었다. 그리고 내 상속자들을 위한 돈도 어느 정도 남겨두고 싶었고, 은퇴 기간에 너무 비싼 세금을 감당할 수 있을지도 걱정이었다.

이런 고민을 해결해보려고 나는 나 자신에게 수많은 상품과 전략을 시도해보기로 했다.

첫 번째 실험은 종신보험인 홀 라이프 보험Whole life insurance에 가입하는 것이었다. 이 보험은 약속된 사망보험금과 함께 세금이 감면되는 투자 계좌가 있어서 추가 보험료를 더 납부할 수 있었다. 나는 죽을 때 세금 없이 목돈을 상속해주고 싶어서 이 보험에 법적으로 허용되는 최대 금액까지 추가 납부했다. 7년이 지난 지금 모아둔 돈은 연간 3.5퍼센트로 늘어나고 있다.

두 번째 실험은 고령화 시대에 맞춰 장수연금QLAC을 활용하는 것이다. 거치식 연금이라서, 모아둔 저축보다 오래 살 경우를 고려해 내 개인퇴직연금 계좌에 있는 돈 일부를 장수 대비책으로 분산할 수 있었다. 비교적 적은 금액을 투자해도 85세 정도의 늦은 나이부터 개시해 은퇴 이후의 소득을 보장한다.

나는 상속자에게 수혜를 주는 생명보험은 이미 가입해서, 내가 살아 있는 동안 쓸 소득만 지급해줄 이 연금을 선택했다. 이 연금은 남은 금액이 상속되지 않고, 지급이 시작되기도 전에 내가 죽으면 아무것도 받지 못하는 위험성이 있다. 따라서 신중히 결정해야 했다.

그래서 세 가지 상품에 가입하고, 각각 나이 차이를 두고 월 수령이 시작되도록 분산했다. 마치 룰렛 테이블에 세 개의 다른 숫자 칩을 내려놓는 것과 비슷했다.

우선, 85세에 월 수령이 시작되는 상품에는 2만 5,000달러를 투자했다. 2만 5,000달러는 한 해 1만 8,000달러부터 시작해 죽을 때까지 보장한다. 물론 내가 85세까지 살아 있다면 말이다.

두 번째 상품은 76세에 월 수령이 시작된다. 매달 1,000달러를 받으려면 계산상 5만 달러만 투자하면 된다.

세 번째 상품에는 80세부터 월 수령이 시작되도록 5만 달러를 투자했다. 그 돈을 받을 때까지 살아 있다면 매년 1만 8,000달러를 받게 된다. 85세부터 월 수령이 시작되는 장수연금과 같은 금액이다. 하지만 5년이나 일찍 받기 때문에 같은 금액을 받기 위해서는 두 배 많이 투자해야 했다.

7년 후에 장수연금은 내가 투자한 금액의 사실상 두 배 가치가 됐다. 그동안 금리가 하락했고, 7년 전부터 혜택을 받기 시작했기 때문이다.

세 번째 은퇴 실험은 혼합형 장기요양보험인데, 이 상품은 우연히 알게 됐다. 은퇴 계획에 대한 정보를 얻기 위해 나는 가끔 다양한 은퇴 상품을 소개하는 설명회에 가곤 하는데, 댈러스에서 열리는 보험 설명회에서 과세이연연금이나 생명보험을 장기요양보험 혜택과 결합하는 혼합형 장기요양보험을 추천받았다. 이 보험은 많은 금액을 미리 투자할 수 있고, 돌봄이 필요한 경우에 장기요양보험 혜택금의 몇 배를 받을 가능성이 있다고 했다.

전통 장기요양보험은 보험료가 자주, 그리고 많이 올라가지만, 혼합형 장기요양보험은 보험료가 오르는 경우가 없다. 게다가, 마음이 바뀌어서 상품을 해지해도 납부한 금액을 전부 돌려준다고 했다. 혼합형 장기요양보험을 취급하는 보험회사에서 일했던 전 직장 동료에게도 물어보며 충분히 연구하고 조사한 끝에, 그 혼합형 보험에 여자친구와 함께 가입했다.

미국 투자 리서치 회사 모닝스타의 은퇴 연구 책임자 데이비드 블란쳇David Blanchett의 유명한 은퇴자 지출 모델 '은퇴 미소Retirement smile'에 따르면, 은퇴자의 지출 비율은 꾸준히 줄어들다가 인생 후반기에 의료비 지출이 올라가면서 은퇴 비용도 다시 올라간다. 나도 그럴 가능성에 대비해야 했다.

장기요양보험 덕분에 나는 은퇴 초반기에 포트폴리오에서 부담 없이 높은 비율로 돈을 인출할 수 있었다. 장기요양보험 긴급자금을 '혹시 모를 장기요양 비용으로 쓰게 되면 어떡하나' 하는 걱정을 계속할 필요가 없었다.

나는 인생의 적기에 알맞게 사용할 보험을 여러 개 가지고 있다. 종신보험과 장수연금, 혼합형 장기요양보험이 그것이다. 다음으로 사회보장연금을 최대로 많이 받는 방법을 실험했다. 연금 지급을 70세까지 늦추면 월 수령액이 상당히 많아질 것이다.

내가 읽은 재무설계전문가 웨이드 포Wade Pfau의 기사에 따르면 사회보장연금 지급을 뒤로 미뤄서 70세에 지급이 시작되게 하기 위해서는 그때까지 버틸 '다리'가 필요하다. 나는 현금(양도성정기예금) 또는 기간확정연금Period Certain Annuity을 이용해 다리를 만들 생각이었다. 조사해본 결과, 기간확정연금이 수익률이 가장 높았고 62세부터 70세까지 월 수령금을 받을 수 있었다.

장수연금 가입을 위해 내가 충실히 저축한 개인퇴직연금 계좌에서 12만 5,000달러를 인출하고, 가입자가 정한 기간 동안 돈이 지급되는 기간확정연금 가입을 위해 20만 달러를 더 인출했다. 이렇게 하면 8년 동안 연 3만 달러 이상 받게 된다. 그리고 월 수령액을 높이기 위해 62세가 되기 4년 전에 이 연금에 가입했다.

62세가 된 지금 나는 월 수령액을 받기 시작했다. 70세에 만기가 되면 그때부터는 사회보장연금 혜택이 시작된다. 내 은퇴 계획에는 한 가지 주요 사항이 있다. 은퇴한 그해에 내 개인퇴직연금 계좌에서 1,000달러를 로스 개인퇴직연금 계좌로 전환했다. 이유는 단순했다. 전통 개인퇴직연금은 72세에는 원하지 않더라도 퇴직연금을 인출해야 하지만, 투자 소득에 세금이 붙지 않는 로스 개인퇴직연금은 59.5세부터 원금과 투자 소득을 세금 없이 인출할 수 있다. 따라서 더 많은 자산을 로스 개인퇴직연금 계좌로 전환하고 전통 개인퇴직연금 계좌의 규모를 점점 줄일 생각이었다.

다만, 나는 로스 개인퇴직연금 전환을 62세에는 끝내고 싶었다. 65세부터 노인의료보험 혜택을 받을 수 있는데, 소득이 기준 이상이면 보험료가 너무 높아질 우려가 있기 때문이다. 노인의료보험의 보험료는 2년 전, 즉 63세가 되는 해를 기준으로 산정한다.

그다음 해야 할 일은 65세가 되기 3개월 전에 노인의료보험을 신청하는 것이고, 70세에는 사회보장연금을 신청하는 것이다.

7년간 은퇴를 설계한 후 나는 이제 그 계획의 열매를 즐기려고 관심을 여행으로 돌리고 있다. 벌써 아이들과 아마존과 태국, 이집트까지 여행했다.

내가 시작한 은퇴설계 사업은 어떻게 됐을까? 나 자신의 은퇴 계획을 수립하는 데 도움이 되었고, 친구들과 다른 가족들에게도 사회보장연금과 노인의료보험, 연금, 장기요양보험에 관해 자문해주는 역할을 하고 있다. 나는 계속해서 기사를 쓰고 책을 써서 다른 사람들을 도울 계획이다.

돈의 태도 세 가지

- 사회보장연금을 70세까지 미루어라. 그리고 연금을 받을 때까지 버티기 위해 채권 등을 활용하라.
- 오래 살면서 저축한 돈을 다 써버리지 않으려면 장수연금에 투자하자. 단, 이 연금은 은퇴 후반기에 소득을 보장하는 대신 많은 금액이 보험 회사로 넘어갈 수 있다.
- 장기요양보험 가입 자격이 안 된다면, 저축성 생명보험이나 과세이연 연금을 장기요양보험 혜택과 결합한 혼합형 보험을 연구해보라.

Story 29

값비싼 대가를 치르고 교훈을 얻다

존 림 John Lim

몇 번의 투자 실수를 겪고 깨달음을 얻은 보통의 투자자. 의사이자 《아이의 금융 IQ를 기르는 법》의 저자. '험블달러'에도 자주 글을 쓴다. 경제와 금융을 열심히 공부하며, 특히 행동재무학에 관심이 있다.

앞에 놓인 차가운 금속 탁자 위에 해부용 시신들이 줄지어 있었다. 의대 1학년생이 전공 분야에 따라 전문의가 되는 데 7년에서 13년까지 걸리는 길고 고된 여정이 시작되는 날이었다. 그날 나한테 돈은 먼 나라 이야기였다. 하지만 친구들은 의학 학위를 받을 때쯤 평균 20만 달러 이상의 빚이 쌓일 것이다. 대학 학자금 대출 중 단연 최고 금액이었다. 나는 너그러우신 부모님 덕분에 학자금 대출이 없었으니 상당히 유리한 입장이었지만, 내가 행복한 편이라는 걸 그때는 잘 몰랐다.

나는 샌프란시스코에서 방사선학 레지던트를 끝낸 후, 팔로알토에서 전임의 과정을 마치면서 의대 동료였던 연인과 결혼했다. 6년 동안 방사선학 책을 파고들며 공부했고, 훌륭한 방사선 전문의들 옆에서 배웠다. 이 과정은 인적자본에 대한 상당한 투자였다. 부모님은 의대 수업료를 비롯해 숙식 등 생활비에 수십만 달러를 썼고, 나는 내 인생 십 년을 완전히 바쳤다.

궁극적으로 이 투자는 내 경력을 쌓는 과정과 경제적 자유를 얻기 위한 과정에서 배당금으로 톡톡히 돌려받을 수 있었다.

1997년 방사선 레지던트로 일하면서 한 해에 3만 2,000달러를 벌었다. 직장퇴직연금에 9,500달러를 적립하고 급여소득세를 내고 나면 내 손에 쥔 돈은 한 달에 1,500달러였다. 많은 돈은 아니었지만 부족하지도 않았다. 먹을거리도 많았고, 따스하게 쉴 집도 있었으며, 대부분 병원에서 일하거나 집에서 공부하며 시간을 보내서 돈을 쓸 시간이 없었다. 방사선학을 수련하는 동안 나는 적은 소득으로도 매우 만족스러운 삶을 꾸릴 수 있다는 것을 무의식중에 배웠다.

그리고 때가 왔다. 10년 만에 나는 완벽하게 의사가 됐고, 방사선센터에서 본격적으로 일하게 됐다. 수련의에서 담당의로 신분이 바뀌는 것은 의사가 경제적 안정을 얻는 과정에서 중요한 부분이다. 담당의가 되면 다섯 배 이상 월급이 뛰는 건 특별한 일도 아니다. 다시 7년쯤 지나면, 많지는 않지만 두 번째로 소득이 오른다.

많은 의사가 금세 담당의가 받는 많은 월급에 적응해서 지출을 많이 한다. 십 년 이상 제대로 보상도 못 받고 인생의 대부분을 도서관과 병원에서 보냈으니 돈을 펑펑 쓰고 싶은 욕구가 강력해지는 것이다. 나도 새내기 담당의였을 때 과하게 욕심을 부렸다. 찌그러진 고물차를 최신 자동차로 바꾸고, 아내도 최신형 자동차를 샀다. 그리고 공용 수영장과 테니스 코트가 딸린 방 두 개짜리 아파트로 이사했다.

하지만 전체적으로 볼 때 우리 생활 수준은 천천히 높아지는 정도였다. 의사 월급으로 비교적 수수하게 살아가니 돈도 제법 저축할 수 있었다. 우리 저축률은 매해 40퍼센트에서 60퍼센트 사이로 올랐다. 경제적 자유로 가는 길에 포장도로가 깔린 셈이다. 주위 동료들보다 검소하게 산다고 우리가 경험할 삶의 기쁨이 줄어드는 것도 아니었다. 연구 결과에 따르면, 돈에서 얻는 행복은 어느 지점에서 급격히 줄어든다고 한다.

자기 돈에 자기만큼 신경 쓰는 사람은 없다

경제적 자유를 어떻게 얻을 수 있을지 관심을 두기 몇 년 전에 전환점이 된 일이 있었다. 일하고 있는 센터에서 회사 은퇴 제도의 관리위원으로 일해달라고 했다. 당시 내가 일하는 방사선 센터는 전통 직장퇴직연금제도와 이익분배제도, 캐시밸런스연금제도(확정기여형 퇴직연금과 확정급여형 퇴직연금의 장점을 결합한 혼합형 퇴직연금)를 따르고 있었다. 관리위원인 나는 이 세 가지 제도를 두루 살필 책임이 있었다. 이 과정에서 돈 관리에 관한 중요한 깨달음을 얻었다.

우리 센터는 몇 년 동안 같은 자문가와 긴밀하게 함께 일하고 있었는데, 많은 동료 의사가 그를 고용해 자신의 직장퇴직연금 투자금 운영을 맡겼다.

하지만 나는 그를 감독하면서 조금씩 실망했다. 우리 센터에서는 캐시밸런스연금으로 펀드 한 종목에 수백 달러를 투자하고 있었다. 이후에 그 펀드가 기관 펀드와 개인 펀드 두 종류로 나뉜다는 것을 알게 됐는데, 이유는 모르겠지만 우리 센터는 고가의 개인 펀드로 투자하고 있었다. 기관 펀드에는 수수료가 없지만, 우리가 가입한 펀드에는 규정에 따라 자산의 0.25퍼센트에 해당하는 수수료가 부과됐다. 이 비용은 펀드를 팔았던 중개인에게 돌아갔다. 엄청난 금액을 그 펀드에 투자했기 때문에 매년 몇천 달러씩 과한 수수료를 불필요하게 지불하고 있던 셈이다. 기관 펀드에 투자하지 않은 이유를 물어도 자문가는 제대로 이유를 말하지 않았다. 이런 일이 몇 차례 있었고, 결국 그 자문가는 해고됐다.

이 일로 나는 자기 재산에 자기만큼 신경 쓰는 사람은 없다고 확신했다. 내 말을 오해하지 말기를. 세상에는 일 잘하는 정직한 자문가도 많고, 그 자문가가 포트폴리오 관리 외 영역에서는 상당히 괜찮은 사람일 수도 있다. 하지만 자기 자산은 스스로 관리하는 게 맞다. 복리의 힘을 과소평가하지 말자. 수수료 1퍼센트나 2퍼센트도 평생 쌓이면 어마어마해진다.

세금 내는 시기를 다양하게 분산하라

은퇴 제도 관리자로 있는 동안 나도 캐시밸런스연금에 투자했는데, 어디에 얼마를 적립할지가 내가 내릴 가장 중요한 결정이었다. 가입자는 각자의 나이와 센터에서 일한 연차에 따라 연간 최대 얼마까지 적립할지 선택할 수 있고, 운영할 수 있는 돈이 상당했다.

예를 들면, 오래 일한 의사의 경우 매해 20만 달러 이상 적립하며 소득공제를 받을 수 있었다. 캘리포니아는 세율이 높은 주라서 매우 매력적인 요소였다.

하지만 캐시밸런스연금 계좌는 공동출자 자금을 활용해서 지극히 보수적으로 투자할 필요가 있었다. 포트폴리오에 상당한 손실이 나면 그 계좌의 가입자가 부족한 금액을 채워야 했다. 이런 이유로 보통 채권에 70퍼센트를 투자하고 나머지는 주식으로 보충했는데, 이렇게 보수적으로 구성해서 수익이 거의 나지 않았다.

이런 한계에도 소득공제로 받는 혜택을 포기할 수 없다는 게 동료들 사이의 공통 의견이었지만, 내 생각은 달랐다. 스프레드시트를 적고 연구해서 얻은 결론은 세금 폭탄을 맞더라도 일반 과세 계좌에 좀 더 공격적으로 투자하면 높은 수익이 날 가능성이 크다는 것이었다. 결국, 나는 일반 과세 계좌에 더 많은 금액을 저축하고, 캐시밸런스연금 계좌에 조금 적립하는 방식으로 분산해 투자하기로 했다.

내가 관리위원을 맡은 기간이 끝나갈 무렵 로스 직장퇴직연금을 추가하기로 했다. 이 연금은 세금을 미리 내서 이후 세금 없이 자산을 불릴 수는 있지만, 적립 초기에 세금 공제를 받을 수 없다. 우리가 너무 늦긴 했다. 2006년에 생긴 로스 직장퇴직연금을 우리 센터는 2014년까지 거들떠보지도 않았다. 심각한 실수였다. 세금 납부를 다양하게 할 필요성을 간과했다.

이 문제를 이해하기 위해 다음 예시를 보자. 당신은 고소득 의사고 열심히 저축한다. 나이와 경력에 따라 세금이 이연되는 계좌에 만 수십만 달러를 분산해서 저축했다. 은퇴할 무렵에는 어마어마한 비상금이 모였겠지만, 돈을 인출할 때마다 소득세를 내야 한다. 동료 대부분이 그렇게 했다. 하지만 그들은 돈을 인출할 때 세금을 낼 필요가 없는 로스 계좌에는 거의 저축하지 않았다.

삶에서 세금 내는 시기를 다양하게 분산하지 않으면 은퇴할 때 한꺼번에 몰아닥치는 세금을 감당하기 쉽지 않다. 소득세율이 오르기라도 한다면 예상치 못한 문제를 겪을 수 있다.

시장을 이길 수 있다는 착각

의사들은 자부심과 자신감이 가득하다. 여러 해 동안 학업 성과를 내고 '의사'가 되었다는 사실이 머리에 박혀 있다. 여기에 엄청난 보상도 더해지니, 자만의 독주를 마신 상태가 된다. 특히 남성 의사라면 더더욱 극도의 자만심에서 헤어나지 못한다. 우리는 시장을 이길 수 있다는 그럴듯한 착각에 빠져버린다. 그것도 남는 시간을 투자해서.

그들 중 하나였던 나도 제대로 알았어야 했다. 나는 투자에 관한 고전 서적인 버턴 말킬의《랜덤워크 투자수업》, 존 보글의《모든 주식을 소유하라》, 윌리엄 번스타인의《투자의 네 기둥》을 읽었다.

전달하려는 메시지는 쉽고 분명했다. 시장은 효율적이고, 패시브 투자가 우수한 결과를 내는 길이었다. 하지만 자부심과 자만심이 내게 속삭였다. '존, 너야말로 보통 투자자가 아니잖아.'

어리석게도 나는 그 거짓말을 믿었다. 내가 저지른 투자 실수를 여기에다 적어보겠다.

• 아마존닷컴Amazon.com

1990년대 말 '닷컴 버블' 때 분위기에 휩쓸려 매수했다. 대부분 0원이 되었다가 겨우 제자리에 돌아오자 주식분할 방식으로 주당 2.5달러에 매도했다. 너무 빨리 매도했다. 이 주식은 2022년 초반 폭락한 후에도 여전히 100달러 이상으로 거래되고 있었다.

• XM 위성 라디오Satellite Radio

잡지 〈스마트머니〉에서 낙관적인 기사를 읽고 이 성장주에 투자했는데, 얼마 후에 주식이 폭락했다. 여러 차례 더 달려들다가 적었던 손실이 눈덩이처럼 불어났다.

• 시어스 홀딩스Sears Holdings

차기 워런 버핏이라고 불리는 신동 투자자 에디 램퍼트Eddie Lampert의 발자취를 따랐다. 지금까지 한 것 중 최악의 종목이었다. 시어스가 결국 파산 신청을 했을 때, 나는 이 투자 하나만으로 거의 한 해 급여를 잃었다.

이제 투자자로서 나에 대한 기대가 확 줄었겠지만, 나도 투자에서 성공한 적이 있다. 2008년 전 세계적인 금융위기 때 엄청난 이익을 긁어모은 대형 은행들에 크게 투자했다. 최근에는 2020년 주식시장이 약세장일 때 적극적으로 투자해서 지금까지 톡톡한 성과를 거두었다.

하지만 전체적으로 볼 때, 내 투자금이 인덱스 펀드로 단순하게 구성한 포트폴리오를 능가했는지 심히 의심스럽다. 설령 내가 시장 평균을 미미하게 넘어섰다고 하더라도, 내가 들인 비용에 비하면 아무것도 아니다.

경제학자라면 누구나 하는 말이지만, 모든 결정에는 기회비용이 들기 마련이다. 내가 더 좋아하는 즐거운 일을 하며 보낼 수 있었던 수백 시간을 주식이나 연구하고 시장이나 들여다보며 썼다면 얼마의 가격표를 붙이고 싶은가? 시간은 절대 되돌릴 수 없는 단 하나뿐인 상품이다.

경제적 자유를 얻기 위한 과정에서 깨달은 세 가지 교훈

우리 부부의 최우선순위는 아이들이 성공할 기회를 마련해주는 것이어서 아이들을 위해 이상적으로 보이는 학교를 찾았다. 문제는 그 학교가 직장에서 너무 멀다는 것이었다. 그때 나는 방사선 센터에서 16년째 일하고 있었지만, 이 안정된 직장을 버리고 아이들을 위해 보훈병원으로 일자리를 옮겼다. 게다가 몇 가지 혜택도 있었다. 예를 들면 은퇴 시 물가와 연동되는 연금 혜택이나 건강보험 혜택 등이다. 하지만 이 훌륭한 혜택들은 돈과는 무관했다.

보훈병원에서 일하기 시작한 후 내가 아는 금융 지식을 알리는 쪽으로 관심을 바꿨다. 나는 보건 업무 담당 직원과 수련의들을 위한 교육 과정을 개발해 개인 자산관리와 투자에 대한 강의를 매달 했다. 내가 '험블달러'에 글을 쓰기 시작한 것도, 첫 책《아이의 금융 IQ를 기르는 법》을 출판한 것도 이 무렵이었다.

내 삶과 내가 경제적 자유를 얻기 위해 노력했던 과정에는 기억할 만한 교훈이 가득하다. 로버트 프로스트의 아름다운 시 '가지 않은 길'의 한 구절은 영원히 잊을 수 없는 첫 번째 교훈이다.

숲속에 두 갈래 길이 있었다.
나는 사람이 적게 가는 길을 택했고,
그리고 그것이 내 운명을 바꾸었다.

많은 이들이 보기에 내가 경력을 쌓고 있다가 안정되고 돈 잘 버는 일을 포기했으니 무책임하다고 생각할 수도 있다. 하지만 사람들이 많이 다니지 않는 길은 가장 경치가 좋은 길이다. 아이들에게 양질의 교육을 주기 위한 결단에는 훌륭한 가치가 있었다. 하지만 우리가 감수한 위험으로 개인적으로, 직업적으로 대가를 치러야 했다.

두 번째 교훈은 경제적 안정이 기회의 문을 열어주었다는 사실이다. 우리는 돈에 매달릴 필요가 없었기 때문에 망설이지 않고 떠날 수 있었다. 경제적 자유란 일찍 은퇴해서 유명한 골프 코스를 돌아다니는 것이 아니라, 어려운 결정을 내리고 진짜 자기 길을 걸어갈 수 있는 자유를 뜻한다.

마지막 교훈은, 돈 문제와 인생 문제는 생각보다 훨씬 통제하기가 어렵다는 점이다. 삶에는 우연이 가득하다. 투자의 세계에서 이런 힘들이 작동하면 투자가 까닭 없이 잘 될 때도 있지만, 잘 안 될 때도 있다. 하지만 우리 인생은 전혀 예상치 못한 방향으로 휘어질 수도 있다. 경제적 부분에서든 아니든, 뜻밖의 행운 혹은 신의 은혜 덕분에 내가 얼마나 많은 축복을 받았을까? 셀 수 없을 만큼 많았다.

돈의 태도 세 가지

- 소득이 올라도 생활비를 바로 올리지 마라. 행복에는 조금도 영향을 미치지 않는 데다가, 매달 더 저축할 수 있다.
- 기존의 개인퇴직연금은 은퇴 후 인출할 때 더 높은 세금을 낼 수도 있다. 높은 세금청구서를 원하지 않는다면, 은퇴 자금 일부를 로스 개인퇴직연금이나 로스 직장퇴직연금에 저축하라.
- 인생의 한 영역에서 성공했다고 투자 종목을 잘 고르는 것은 아니다. 단순한 인덱스 펀드로 성공하는 사람들이 많다.

Story 30

우리는 모든 투자 실수에서 배운다

마이클 플랙 Michael Flack

수많은 실수에서 진리를 깨우친 개인 투자자. 전직 해군 장교이자 석유가스 업계에서 20년간 일한 전문가로, 지금은 은퇴해서 여행과 블로그에 글쓰기, 스프레드시트 작성을 즐긴다.

1987년 내가 성인이 되었을 무렵 주식시장은 환상의 나라였다. 동네 치과의사도, 변호사인 친구 아버지도, 은행원도 그곳에 모였다. 하지만 수위와 비서로 일했던 우리 부모님 같은 사람들은 예외였다. 부모님께 연금이 있어서 그나마 다행이었다. 그 옛날에는 어떤 이유에서든지 개별 주식의 주가를 알고 싶다면 그날 신문의 증권면만 보면 다 나와 있었다.

하지만 내게 주식시장은 재밌는 이야깃거리가 아니었다. 역사상 단 하루 만에 주가가 500포인트 넘게 폭락한 1987년 10월 19일에도 나는 아무것도 몰랐다. 그런데, 대학교 4학년 봄에 들었던 경제 수업이 모든 것을 바꾸었다.

교수님은 수업을 세 과정으로 나누어 가르쳤다.

첫 번째 과정

교수님은 경제 기초 용어를 포함해 오늘의 달러 가치와 미래 한 시점의 가치를 비교하는 계산법을 가르쳐주었다. 그 이론을 배우고 눈이 번쩍 뜨였다.

두 번째 과정

저축 및 자산관리 과정으로, 소득의 상당 부분을 따로 떼어두면 부를 쌓을 수도 있고 직업 선택에도 유리하며, 조기 은퇴도 가능하다고 했다.

세 번째 과정

주식 투자 기초 과정으로, 저축금을 어디에 투자해야 하는지 배웠다. 오늘날 투자로 부자가 된다는 개념은 낡은 이야기지만 그 당시 육체노동자의 자녀에게는 놀라운 계시였다.

그리고 교수님은 학생들에게 〈월스트리트저널〉을 구독하라고 했다. 이 신문은 오늘날 인터넷에서 보는 뉴스와 달리 양질의 정보만 제공했다(물론, 그때는 오늘날과 상당히 다른 시각을 가지고 있었다는 사실도 기억하기 바란다). 신문 1면에는 기사 6개가 있었는데, 각 칼럼은 전 세계 주요 뉴스와 요약 기사, 사람들의 관심사를 다룬 기사 등을 다뤘다. 교수님은 수많은 기사 중에서 어떤 기사를 먼저 읽고 어떤 기사에 시간을 들여야 하는지 알려주셨는데, 특히 사람들의 관심사를 다룬 칼럼을 짚으며 "이런 데 시간 낭비하지 마라"라고 말씀하셨다.

나는 그 수업에서 최고 점수를 받아 상으로 〈월스트리트저널〉 6개월 구독권과 명패를 받았다. 수업이 마무리될 무렵, 가능한 한 저축을 많이 해서 주식시장에 투자해야겠다고 마음먹었던 기억이 난다.

과거의 실적이 늘 수익을 보장하지는 않는다

나는 수업 과제로 뮤추얼 펀드 하나를 조사했다. 내가 고른 것은 가장 잘나가던 뮤추얼 펀드 관리자 피터 린치가 운영하는 피델리티 마젤란 펀드였다. 그 당시 피터 린치는 세상에서 가장 유명한 투자자였을 것이다. 펀드를 운영한 13년 동안 연평균 수익률이 29.2퍼센트에 달했다.

린치가 자신의 베스트셀러 투자서에서 밝혔듯이, 그의 비법은 오랜 시간 일하고 철저하게 기업을 분석하며 아내를 따라 장을 보러 다니는 것이었다.

예를 들어, 아내가 마트에서 달걀 모양의 플라스틱 용기에 담긴 여성 스타킹을 보고 극찬하자 린치는 그 회사의 주식을 사서 마젤란 펀드에 넣었다. 그 회사의 이름은 헤인스Hanes다. 헤인스의 주가는 1,000퍼센트 올랐고, 린치가 '10배 주식'이라고 부른 주식 중 하나가 되었다. 린치에게는 10배 주식이 100개 이상 있어서 린치 때문에 투자에서 성공하기가 세상에서 제일 쉬운 일처럼 보이기까지 했다.

나는 졸업하자마자 마젤란 펀드에 투자했고, 과거의 실적이 반드시 높은 수익으로 이어지는 것은 아니라는 귀중한 교훈을 얻게 되었다. 내가 투자하고 얼마 후에 린치가 은퇴해버렸고, 린치의 후임 관리자는 린치 같은 마법의 손이 아니었다. 게다가, 액티브 투자는 시장을 이기려는 스트레스가 또 다른 약점이었다.

나의 투자 실수 연대기

이건 나의 수많은 투자 실수의 시작에 불과하다. 1990년대 중반 하와이에서 주최된 투자 세미나에 참석했다가, 자신을 '금융 자문가'라고 소개하는 사람에게 금 투자 사기를 당한 이후, 나는 짐 콜린스Jim Collins와 제리 포라스Jerry Porras가 쓴 《성공하는 기업들의 8가지 습관》이라는 대단한 책을 읽었다. 책에는 특정 기업이 우수한 이유가 담겨 있었다. 이 엄선된 기업들은 '견고하게 지은 기업'으로, 모두 유사한 패러다임을 따르고 있었다. 나는 이들이 훌륭한 기업이니 역시 훌륭한 투자처가 될 것이고, 이들을 재료로 주식 포트폴리오를 구성하면 완벽한 요리가 되리라고 생각했다.

몇 년간은 괜찮았다. 하지만 머지않아 이 위대한 기업들도 곧 어려운 시절을 맞았다. 시티뱅크처럼 2008~2009년의 금융위기 때 주가가 1달러 아래로 떨어진 기업도 있었다. 주택담보대출 전문회사 패니 메이Fannie Mae는 2008년에 국유화되었고, 제너럴 일렉트릭 역시 2008년 거의 파산 직전까지 갔다. 모토로라도 스마트폰이 도입된 후 2000년대 후반에 시장에서 빛을 잃었다.

1999년에 한 실수는 〈스마트머니〉라는 잡지에 실린 기사 때문이었다. 마스터합자회사MLP(이하 MLP) 증권에 관한 기사였다. 이 증권은 소득에는 세금이 부과되지만, 분배금에는 세금이 없다고 했다. 게다가 MLP는 주로 원유와 가스 파이프라인 분야에 한정해서 투자한단다.

나한테 딱 맞는 증권 같았다. 분배금의 세금이연이 가능하고, 현금 흐름이 안정적인 데다, 물가 상승에 대비할 수 있으며, 고배당이다.

나는 전설적인 야구 선수 베이브 루스Babe Ruth에 투자하는 기분이었다. MLP를 양껏 사고 보상도 톡톡히 받았다. 십 년 동안 젊은 워런 버핏이 된 느낌이었다.

하지만 완벽한 증권은 없다. 상장기업들도 모두 현금을 한도까지 차입한다는 걸 그때 알았다. 빚을 갚은 후 MLP를 개인 투자자들에게 매도하던 고통스러운 시간을 자세히 말하고 싶지는 않다(수천 번 칼에 베여 죽어가는 느낌이었다고만 해두자). 2008~2009년의 금융위기 이후 내가 보유한 MLP 종목들은 S&P500보다 실적이 확실히 저조했다. 심지어 내가 애지중지하던 종목 하나 때문에 세금 폭탄을 맞고, 분배금도 줄어들더니, 결국 주가가 반 토막 났다.

2000년에 나는 최신 기술로 여러 사업 부문의 경영 방식을 혁신하려고 하는 회사의 주식을 샀다. 이 회사 이름은 아마존이 아니라 안타깝게도 엔론Enron이었다. 내가 투자하고 몇 달 후 엔론이 파산 선언을 했는데, 미국 역사상 최대 규모였다.

나는 늘 "희망을 버리지 말라"라고 하셨던 어머니의 가르침을 되새기며 조금 더 버텼지만, 엄청난 세금 손실을 조금이라도 줄이려고 결국 팔았다. 엔론의 CEO, CFO, 회장까지 사기로 유죄판결을 받고, 엔론의 대단한 감사회계법인이었던 아서 앤더슨까지 몰락하자 조금 위로가 됐지만, 나는 더 이상 개별 주식 투자가 가능한지 확신할 수 없었다. 엎친 데 덮친 격으로, 내가 가지고 있던 절대 '놓쳐서는 안 되는' 주식들의 가치도 계속해서 큰 폭으로 하락했다. 2009년 파산한 부동산 투자신탁 회사 손버그 모기지Thornburg Mortgage도, IBM도 그랬다.

매번 썩은 사과를 고르다 보니 과연 내게 주식을 고르는 능력이 있는지 의심하다가, '시장을 이기는 일은 불가능하다'라는 결론을 얻었다. 일찍이 MLP에서 낸 탁월한 성과로 내가 주식 분석에 뛰어난 소질이 있는 줄 알았다. 그러다 똑같은 MLP에서 저조한 성과가 계속되고, 거기에 또 다른 썩은 사과를 골라 담다 보니 뒤늦게 꿈에서 깨어날 수 있었다.

인덱스 투자로 가는 여정

나는 개별 주식을 선별하기 위해 꼭 필요한 기업 연구조사도 게을리하면서 투자에 대한 흥미도 잃었다. 연구 시간이 줄어들면 좋은 결과를 얻기 힘들다는 상식을 받아들여야 했다. 결국, 이제 정성 들여 선별한 주식에서 저비용 인덱스 펀드로 투자금을 천천히, 안전하게 옮길 수밖에 없었다. 다행히 직장퇴직연금은 내가 손댈 수 없었다. 저비용 인덱스 펀드는 아마존이나 애플 같은 매력은 없었지만, 내 정신 건강에는 이로웠다.

몇 년 전 은퇴한 후에 내 삶을 돌이켜봤다.

나를 투자의 세계로 이끈 대학 시절 교수님은 과연 내게 몇 학점을 줄까? 교수님은 내가 저축을 잘했다고 자랑스러워하실 것 같았다. 하지만 내가 투자한 그 많은 썩은 사과 이야기에는 실망하실 것 같다. 엔론 투자를 어떻게 해명할까? 결과적으로는 실수에서 교훈을 얻어서 저비용 인덱스 펀드에 넉넉히 투자하고, 조기 은퇴까지 했으니 자랑스러워하시지 않을까? 아마 내게 'B' 학점은 줄 것 같다. 하지만 명패는 안 주시겠지.

돈의 태도 세 가지

- 시장에는 진실도 있고, 거짓말도 있다. 그러니 낯선 사람이 "놓쳐서는 안 될 투자"라고 말한다면, 극도로 주의하라.
- 인덱스 펀드의 수익률을 이기기는 어렵다. 많은 이들이 금화나 에너지 분야 같은 흥미로운 주식에 투자한 후에야 이 교훈을 깨닫는다.
- 오늘 투자한 1달러는 몇 배의 가치가 된다. 저축과 투자를 시작하기 가장 좋은 순간은 바로 지금이다.

돈의 태도를 알면 경제적 자유로 향하는 길이 보인다

지금까지 경제적 자유를 얻기 위해 노력했던 30명의 이야기를 통해 돈의 태도를 돌아봤다. 나는 여기서 당신에게 한 가지 과제를 내주고 싶다. 지금 바로 자신의 경제적 자유를 향한 이야기를 써보라.

자기 이야기나 생각을 종이에 적는 일에는 대단한 장점이 있다. 오늘의 내 모습을 만든 오래전 사건들을 떠올리게 된다는 것이다. 과거에 완수한 일과 아직 이루지 못한 일, 미래에 나아갈 계획을 분명하게 생각할 수 있다.

이제 쓰기 시작하자. 여기 당신을 위한 다섯 가지 제안을 하겠다.

적게 쓸수록 좋다

3,000자나 이왕이면 그 미만으로 쓰도록 하라.

자랑하지 마라

허풍쟁이를 좋아하는 사람은 없다. 어쩌다 성공했을 수도 있고,

그 와중에 수없이 많은 실패를 하고 실수를 했을 것이다. 불운이든 행운이든, 삶에서 운이 대단한 역할을 했다는 사실은 분명하다.

솔직해라

자신의 소득과 순자산을 왜 밝히지 않는가? 가장 당황스럽고 멍청한 실수를 솔직히 말하면 어떨까? 다른 사람에게 재정 상태를 솔직히 털어놓는 사람은 극소수다. 그래서 우리는 더 가난해진다.

멋진 부분을 이야기하라

돈과 관련이 되든 안 되든, 인생의 시시콜콜하고 불쾌한 부분까지 알고 싶어 하는 사람은 없다. 오히려 독자들은 승리의 순간이나 삶의 전환점, 지독한 실수 같은 하이라이트 장면을 알고 싶어 한다.

시간을 들여라

다시 읽고 수정하는 데 시간을 많이 들일수록 더 좋은 글이 된다. 글을 쓰고 나면 며칠 지난 후에 새로운 눈으로 다시 들여다보라.

이 책을 덮은 후 나의 이야기를 적어보라. 그 과정에서 이 책에 실린 30명처럼 내가 한 실수를 발견하게 될지도 모른다. 하지만 돈의 태도도 발견하게 될 것이다. 그리고 자신의 경험에서 깨달은 돈의 태도가 당신을 진정한 경제적 자유로 이끌 것이다.

옮긴이 박덕근

이화여자대학교를 졸업하고 성균관대학교 번역대학원에서 번역학 석사학위를 받았다. 초등학교와 고등학교에서 영어를 가르쳤다. 옮긴 책으로《종이 미술 놀이》가 있다. 현재 출판번역에이전시 글로하나에서 경제경영, 인문 분야를 중심으로 다양한 분야의 영미서를 기획, 검토하며 영어 전문번역가로 활동하고 있다.

돈의 태도

1판 1쇄 인쇄 2023년 10월 11일
1판 1쇄 발행 2023년 10월 18일

지은이 조너선 클레먼츠
발행인 김태웅
기획편집 이미순, 유효주
디자인 유채민
마케팅 총괄 김철영
마케팅 서재욱, 오승수
온라인 마케팅 하유진
인터넷 관리 김상규
제작 현대순
총무 윤선미, 안서현, 지이슬
관리 김훈희, 이국희, 김승훈, 최국호

발행처 ㈜동양북스
등록 제2014-000055호
주소 서울시 마포구 동교로22길 14(04030)
구입 문의 (02)337-1737 **팩스** (02)334-6624
내용 문의 (02)337-1763 **이메일** dymg98@naver.com

ISBN 979-11-5768-956-9 03320

• 이 책은 저작권법에 의해 보호받는 저작물이므로 무단 전재와 무단 복제를 금합니다.
• 잘못된 책은 구입처에서 교환해드립니다.